AF563307

ESENCIA

Lili Namaste

www.esencialilinamaste.com

Título: ESENCIA Madre Tierra nos Habla

Autoedición: Lili Namaste - esencialilinamaste@gmail.com
Diseño de cubierta y maquetación: Daniel González
- designsbydanielson@gmail.com

Primera edición: noviembre de 2019
San Carlos de Bariloche, Argentina
ISBN: 978-84-18098-52-9
Depósito Legal: TF-1023-2019

TESTIMONIOS

"Querida Lili. Conocerte es como tener conocido a un ser de luz. Tan transparente! Incluso con una fuerza en la mirada, parecida a la de un felino. Leer tu Trilogía me ha hecho estar más atenta a la música de la naturaleza, a la mirada de los animales (que tantas veces encontramos en humanos y viceversa) y a los mensajes de los árboles, del lago, las montañas y las plantas. He sentido que vibras cerca de los Seres de Luz. Muchas Gracias por tu Obra!"

Annie Gimenez: Reflexóloga, Profesora de Yoga y Terapeuta en Tameana.

"Desde que conocí a Lili, he tenido la oportunidad de contemplar y percibir aspectos de su verdadera ESENCIA, como la llama incandescente que tantas veces vi en sus ojos, el entusiasmo auténtico, la inspiración verdadera y una consciencia despierta hacia los Reinos de la Naturaleza.

Sé que este libro procede de una profunda inspiración que aguardó durante mucho tiempo para ser expandida en este preciso espacio temporal.

Que todo esto llegue también a ustedes a través de la lectura de esta trilogía, la cual es un puente más allá de las palabras. Gracias Lili".

Florencia Burton: Artista, Pintora y Profesora de Artes.

"Queridos SERES lectores!!! Lo que sentí, al leer la Trilogía, fue un profundo interés de estar más interconectado con todos los SERES VIVOS y de esta forma Ser Parte de la tarea en EQUIPO de sanar, aportando e irradiando a nuestro maravilloso UNIVERSO.

Lili tiene la MISION de compartir esa VOZ que ha asumido ESCUCHAR con TODOS nosotros, mediante sus libros, Meditaciones, Entrevistas radiales, Reflexiones en las Redes Sociales y a través de todas las vías que, con certeza, se irán revelando.

Con Todo Amor te digo: GRACIAS LILI NAMASTE!!!"

Omar G. Fariña: Autor en proceso de la Trilogía "ESPIRITUALIDAD EN LOS NEGOCIOS, LA PAREJA Y LA AMISTAD".

"ESENCIA es una trilogía que me ha hecho crecer con sus conocimientos y a la vez entender cómo en la vida hay diferentes Reinos para mantener el equilibrio y la paz de la tierra.

Estoy agradecido a Lili por tener el valor de abrirse a Ser ella misma y a transmitir el mensaje que tenía dentro de sí, para el mundo.

A través de sus líneas, Lili me ha llevado a profundizar y a recordar momentos bonitos del pasado que ya no recordaba, porque desde la consciencia de antes los veía dolorosos. A día de hoy, con esta trilogía los he podido vivir desde el amor!

Gracias Lili, eres especial. Sigue haciendo lo que haces tan bien!"

Jordi Barba Vidal: Autor de la Trilogía "ESTE CHICO ME SUENA".

"ESENCIA nos revela que HEMOS VENIDO A CREAR LA PAZ EN LA TIERRA .Y así es! Llegamos a la escuela de la Tierra para aprender a conectarnos desde nuestro corazón, para que, en nuestra expansión de consciencia, encontremos el verdadero significado de nuestro paso por esta existencia! El secreto es estar atentos y vivir en el momento Presente, para poder estar alineados en la Verdad y el Amor! Mil gracias Lili por tu aporte Amoroso y Compasivo a Toda la Humanidad!!!"

Hemilse Asmussen: Terapeuta Holística Bariloche.

Dedico este Libro:

A mis Abuelitos Manuel, Celina, Carlos e Isolina.

A los Amados Nativos Americanos.

A la Madre Tierra y al Padre Cielo.

Y al Nacimiento del Nuevo Sol.

GRACIAS A TODOS LOS REINOS,

POR CREER EN EL NUEVO SER HUMANO.

GRACIAS A CADA ELEMENTO,

POR LLEVAR TODO A SU ORDEN NATURAL.

GRACIAS A TI,

POR ESTAR LEYENDO ESTAS LÍNEAS.

Y GRACIAS A TODA LA HERMANDAD,

POR GUIARNOS Y ACOMPAÑARNOS.

ÍNDICE

"El hombre no ha tejido la red de la vida.
Es sólo una hebra de ella.
Todo lo que haga a la red se lo hará a sí mismo.
Lo que ocurre a la tierra ocurrirá a los hijos
de la tierra".

Carta del Gran Jefe Seattle

I° PORTAL: RAÍCES

TRIBUTO A MI ABUELITO

Hoy, 16 de Agosto del Año 2019, comienzo a escribir este Tributo a mi abuelito materno: Manuel Ojeda Cancino.

Un día como hoy, del año 1900, nacías en Valdivia, ciudad de Chile.

Recuerdo tu aspecto delgado, tus pocas palabras, tu bigote y tu vestimenta de gaucho.

Eras "analfabeto", según la definición de saber leer y escribir. Sin embargo, eras un observador y lector inigualable de la Madre Naturaleza.

Habías aprendido su Lenguaje, simplemente observándola, viviéndola y respetándola.

Cruzaste a caballo la Cordillera de los Andes, como lo hizo el General José de San Martín.

Tenías, en ese entonces, 18 años además de muchísima Valentía.

Rabdomante por intuición, encontrabas agua utilizando dos varillas de caña colihue.

Amabas la montaña, y ella te amaba a Ti.

Tu nombre está escrito en el Refugio que alberga nuestro Cerro Tronador: Guardián de la Cordillera y altura máxima de nuestro Parque Nacional.

Hoy, aniversario de tu Cumpleaños, te hiciste PRESENTE. Te vi Común unido al Cerro Tronador, a la Morada de los Cóndores.

Y pude apreciar el hilo conductor que me llevaba a ti.

Me guiabas, en la Luz de esa Estrella, en las Alas Abiertas del Cóndor y en la inmaculada blancura de la Nieve.

Qué iba a imaginar que a mis 51 años te Re encontraría, al hacerte VISIBLE en estas líneas!

Y tuve mucha intriga de saber más de Ti.

Por alguna razón, gran parte de tu Vida había sido un Misterio.

Y esto, sumado a tu reserva en el hablar, había conspirado para que sólo supiera lo más relevante.

Quería ahondar.

Quería redescubrirte.

Sabía que amabas los caballos, y a la Naturaleza toda.

Sabías cuando llovería o nevaría, porque la Naturaleza era tu amiga.

Eras consciente de sus Ciclos.

De sus Estaciones.

De sus Reinos.

Y hoy una de tus nietas, revivía ese Sentir tan Profundo.

Te había elegido como mi Abuelo, había vibrado Contigo.

Hoy te convertías en una parte muy importante de mi Ser.

Fui a visitar a mamá, para saber más de Ti pero había salido a su clase de francés. De manera que volví a casa con los mismos interrogantes, y las ganas de profundizar.

Mientras escribía las primeras páginas había sucedido algo curioso: repentinamente, el mouse dejó de accionar, y en la pantalla del ordenador se prendían y apagaban luces, y se sucedía la foto del Cerro Tronador, con lo escrito, una y otra vez.

Como si el Ordenador hubiera adquirido Vida propia.

En un momento pensé que todo lo escrito podría llegar a borrarse, ya que se sombreaban frases, para luego saltar a otras. Durante ese lapso, el mouse no respondía: el ordenador se manejaba sin mi ayuda.

Aguardé unos instantes, aceptando la situación.

Hasta que paulatinamente, todo volvió a la normalidad.

Traté de recordar qué pensamiento había tenido en el preciso momento que esto comenzó a suceder y reconocí que fue cuando me dije: “Si bien puedo preguntarle a mi mamá muchas cosas de mi Abuelo, también puedo preguntárselas a él directamente”!

Y, evidentemente el así también lo creía ya que intentó comunicarse por la vía más cercana.

Es que sabía muy poco de mi abuelo.

Su esposa (mi abuela), de nombre Celina, había partido cuando mi mamá Inés tenía 13 años. Hecho que la marcó muchísimo.

Creo que por ello, casi no hablaba de sus padres, o sea, de mis abuelos.

Además mi abuelo, tenía fama de ser un poco parco, de

pocas palabras y solitario.

Así que era poco lo que sabíamos.

Tengo entendido que mi madre no conoció a sus abuelos.

¿Qué habría detrás de esta historia?

¿A qué "genes" respondía mi Ser?

¿Por qué o para qué había elegido encarnar siguiendo esta línea?

¿Quiénes habrían sido mis bisabuelos?

¿De dónde venían? ¿A qué se dedicaban? ¿Cuáles eran sus gustos?

¿Qué amaban hacer?

¿Habrían inmigrado?

¿Habría una relación entre blancos y nativos?

¿Tendría yo sangre india?

Siempre me había sentido muy vinculada a los Seres de la Tierra.

De pequeña me encantaba estudiar acerca de las Culturas Precolombinas. Me atraían enormemente.

Me resultaban muy familiares, de hecho, compartía esa Conexión con los Reinos de la Naturaleza, como así también con los Elementos.

Yo creía y sentía que las Montañas eran Grandes Seres Sabios, que nos cuidaban y cuidaban los Secretos de la Civilización.

Que esas Moles de Piedra, eran Puertas Cósmicas, a través de las Cuales podían comunicarse los mundos.

Sabía que eran Verdaderas Bibliotecas Vivientes y que a través de las manos, podíamos captar las vibraciones que emitían.

Nuestros hogares de antaño habían sido las cavernas.

Aún recordábamos los encuentros, en torno al Fuego Sagrado, escuchando a los Ancianos de la Tribu contar sus leyendas y enseñanzas.

Recordábamos a las Mujeres Medicina, las "machi", que tenían el Don de comunicarse con el Reino Vegetal y extraer de él la Cura para tantas dolencias físicas y del alma.

Recordábamos la Conexión Telepática con nuestros Hermanos Animales.

Entre ellos el Caballo, el Lobo, el Águila, el Cóndor, el Puma… y tantos!

En aquellos tiempos, éramos una Gran Familia, donde cada quien tenía su Lugar, sea roca, vegetal, animal, humano o ángel.

En estos tiempos lo "habíamos olvidado temporalmente".

Y hoy te aparecías, Abuelito, para llevarme al RECUERDO.

Con el fin de dejar EMERGER a los HOMBRES y MUJERES MEDICINA que cambiarían el RUMBO de la HISTORIA.

Estos nuevos Hombres y Mujeres, escucharían con GRAN SUTILEZA a todos los HERMANOS de la NATURALEZA.

Es que cada Reino tenía su PARA QUÉ.

Su LABOR ÚNICA e IRREMPLAZABLE, que SIEMPRE CONTRIBUÍA al BIEN MAYOR del CONJUNTO.

Sentí que mi Abuelo se transformaba en el GUÍA quien me llevaba de la mano hacia cada Ser, con el fin de "escuchar" para luego "transmitir" cada voz, cada mensaje, para con toda la HUMANIDAD.

Con quién comenzamos? – pregunté, mirando hacia todos lados, a ver si veía “algo” o a “alguien”.

“Comenzaremos por ingresar en el Cerro Tronador”- me dijo.

“Es importante que conozcas al APU”.

“Él te hablará y te contará su PARA QUÉ”...

¿Cómo llegaremos hasta allí?- pregunté

“Con la Intención”.

“Él ya te está esperando”.

Ingresé en ese Nuevo Espacio Tiempo, y sentí una Presencia muy Alineada y Reverente.

La Comunicación sucedía “sin palabras”: De Ser a Ser.

Sentí inclinar mi cabeza hacia el pecho.

“Cada día debes ir a la escucha de tu Corazón.

Siente su latir, su palpitar constante.

Y permanece allí, contemplando como la Vida late en Ti.

Permanece en ese LATIR, sin tiempos, con PRESENCIA.

En esa Quietud, TODO COMIENZA A SUCEDER”.

“Cuando llevas el mentón hacia el pecho, abres todas las vértebras de tu cuello, que tantas veces están comprimidas.

Permites que la Energía fluya, se libere y se potencie. Y, a su vez, el tocar el mentón en el pecho te recuerda lo Reverente que es la Existencia, y lo importante de Recordar que SOMOS PARTE y no DUEÑOS...

La humildad es lo primero que trabajaremos" – me dijo.

"Debes saber que la práctica ha de ser constante. Ha de transformarse en un Estilo de Vida, en una Forma de Vivir. De nada sirve hacerlo una vez y luego olvidarlo. Los cambios PROFUNDOS, vienen de la mano de la CONSTANCIA y de LA ACCIÓN DIARIA.

La HUMILDAD es la PUERTA que conecta con todos los REINOS.

En la NATURALEZA la Soberbia sólo tiene lugar en el Ser Humano.

En el Ser Humano que aún no se conoce a sí mismo y cree que puede disponer de todo lo que encuentra a su alrededor."

Sentí un poco de vergüenza como Representante del Reino Humano.

"Si permaneces un tiempo con nosotros, nosotros te enseñaremos. Y luego podrás compartir con todos tus Hermanos.

Debéis ser Obedientes, para que la Enseñanza sea REVELADORA.

Siempre que quieras comenzar una Comunicación con cualquiera de tus Hermanos, has de entrar en el Silencio de tu Corazón, con Reverencia y HUMILDAD. Y luego de Ser el PALPITAR MISMO DE TU CORAZÓN, recién ahí, con el respeto y delicadeza que se requiere, intentar el Contacto, sabiendo que tus Hermanos pueden aceptar o no esta invitación.

Cuales quiera sea la Respuesta, tienes que saber que es la RESPUESTA ÓPTIMA. Ellos sólo se comunican cuando sienten la CONFIANZA. Ustedes, los HUMANOS tendréis que trabajar mucho en ello, para RESTAURAR esa CONFIANZA."

Tenía sentido. Los Humanos aún seguíamos dañando a la Naturaleza, sin importarnos demasiado. A veces sentía que algunos humanos creían que Seres de otros Reinos no tenían sentimientos ni emociones.

Que eran cosas a disposición...

Y hoy captaba con todo mi Ser la Vibración Poderosa de este Mega Ser que me recibía en su Interno. Un Ser pleno de Poder y Presencia CONSCIENTE.

"Ten cuidado con tus Fuegos Internos"- me dijo.

"Si no controlas tus Fuegos, y los canalizas de forma Constructiva, pueden ser muy destructores".

"¿Te refieres al enojo?"

"Tú sabes bien a qué me refiero"- me dijo.

"Cuando algo hace que contraigas tu cuerpo, que cierres el puño, que rechines los dientes, es Fuego que quiere salir de forma desmedida de Ti. Si no lo frenas a tiempo, te lamentarás. En el sentido de que toda Acción (aunque no llegue a hacerse visible) tiene su reacción. Excepto que, al tomar Consciencia DECLARES LA PAZ EN TU MUNDO y en el de AQUEL a quien VIOLENTASTE con tu enojo".

Reconozco, que a veces me enojaba. Y notaba como esto dañaba a mis órganos. De hecho estos últimos días me había sentido más irascible.

No era casual que este Gran Ser me hablara de los Fuegos cuando él era un Volcán.

“La Humildad hará que no reacciones violentamente.

Si es preciso cuenta internamente. Respira y cuenta, no vociferes, no largues llamas por tu boca.

La palabra es creadora, más aún cuando está teñida por una emoción. Ten el CORAJE de RECONDUCIR tus PALABRAS y EMOCIONES. Y si crees que no podrás hacerlo, permanece en Silencio, **PORQUE si crees en esos Fantasmas Imaginarios, CIERTAMENTE COBRARÁN VIDA”.**

HUMILDAD y RECONDUCIR mis PALABRAS y EMOCIONES.

“Con esto YA TIENES POR HOY”- me dijo el Volcán.

Coincidí!

Mi Abuelito estaba allí. Él había pasado por sus propias batallas.

Me decía mi madre que él veía a Seres de otros planos.

Tal vez mi falta de Visión actual tenía que ver con algo que había visto mi Abuelo, antes de que yo naciera.

Siempre había creído que la miopía venía por parte de mi padre.

Quizá estaba ante la posibilidad de develar algún misterio, que trajera Luz a mi Vida Actual.

Si el Tiempo era CIRCULAR, y todo sucedía AQUÍ y AHORA, todos podríamos LIBERARNOS en el mismo instante, llevando esa LUZ a las zonas oscuras.

“Descansa, que mañana seguiremos”- me dijo el Abuelito.

“Hay muchos Seres que quiero conozcas”.

Sonreí. Volvía a sentirme una niña.

Sentía la Protección del Volcán, la Calidez de sus Entrañas, que se asemejaban a un Hogar Confortable.

Su Presencia me irradiaba Seguridad.

La Gran Madre Tierra, me albergaba en su vientre, dándome calor y nutriéndome de Paz y de Bienestar.

Con esa Bella Sensación, ingresé al Sueño, aguardando despertarme para seguir esta Aventura, que acababa de comenzar.

El Gran PULSAR llevaba ese RITMO ÚNICO, que siempre lograba la ARMONÍA.

SUEÑOS MUY REALES

En Sueños me vi con mi Abuelo, en la cima del Cerro Tronador. Un gran manto blanco cubría su corteza. Esa piel vibrante conformada por rocas, portadoras de Sabiduría Ancestral.

"Para que las Rocas te revelen sus Secretos, tienes que colocar tus palmas sobre ellas. Y luego aguardar, con la Certeza de que ellas se comunicarán"- me dijo el Abuelito.

Me dirigí a una Gran Roca con destellos de agua cristalizada.

Coloqué la palma izquierda sintiendo su PULSAR.

Y aguardé. Confié en las palabras de mi Abuelito, ella con Certeza me hablaría.

Y así fue.

"Gracias por contactarte con nosotras" – me dijo.

“Somos el Sostén de la Madre Tierra.

Su Columna Vertebral.

Estamos atentas a la Limpieza y Apertura de nuestros Canales. Con las Erupciones liberamos los excesos de Energía. Es una manera de volver al Equilibrio”.

“Wow”- me dije.

Como cambiaba la Perspectiva si eras Humano a si eras Roca.

Lo que el Humano consideraba una Catástrofe, era una Liberación de Energía con el fin de equilibrar.

Volví a centrar la atención en la palma de mi mano izquierda, y escuché nuevamente su “voz”:

“Siénteme. Yo también palpito. Vibro al igual que Tú y al igual que todos los Seres.

Las Rocas somos portadoras de Sabiduría y las Montañas son Grandes Catedrales: Templos Vivientes que te invitan a Re Encontrarte”.

Recordé dónde me encontraba en ese momento. Si bien estaba en un Sueño, sabía que en **ESENCIA** estaba allí.

Estaba Re encontrándome en ese Templo que me abría sus Puertas.

“Puedes venir cuando quieras a visitarme”- dijo el Volcán.

“Ya conoces la Entrada”.

Me sentí honrada con esa Invitación.

En sus entrañas, me sentía “en casa”.

AMAZONIA

“El Planeta es nuestro Mega Hogar”- me dijo mi Abuelo.

“En todo lo que le sucede a la Madre Tierra, tenemos participación”.

“La Madre es un Ser vivo, como tú y como yo. Siente, vibra, libera y transforma”.

“Como células conscientes que Somos, podemos aportar mucho Bien. Más aún cuando las Células nos Común Unimos en Propósitos Elevados”.

“Si me dejas guiarte, te llevaré en Consciencia a lugares maravillosos de este Templo Viviente. Al experimentarlos, al sentirlos con todas tus células, podrás ver la manera de SER PARTE de ellos.

¿Qué te parece?”

“Me encanta la idea!”- le dije

“Cuánto me alegra! Comenzaremos entonces por visitar

la Amazonia. El Reservorio Viviente de nuestro Planeta Azul.

Ya sabes que para viajar por el Espacio Tiempo, sólo tienes que anclarte en tu Corazón. Respirar profundo varias veces, llenando tu abdomen, diafragma y pecho y luego ingresar en ese Espacio Sagrado, donde tu palpitar se une al palpitar de la Madre.

En ese Estado de Quietud amorosa, atenta, serena, reverente y agradecida, comenzamos este Viaje.

Yo te acompaño SIEMPRE. Cuando sienta mostrarte algo, así lo haré. Somos un Equipo, **cada uno en su plano**, pero Unidos desde el Genuino Sentir."

Qué maravilla! Aún no me lo podía creer! Sintonizar con mi Abuelo quien ya disfrutaba en los planos sutiles de Consciencia, y además tener el privilegio de que fuera mi Guía en este Recorrido por cada Reino.

Agradecí profundamente. La Gran Conexión comenzaba...

Hice lo que me dijo el Abuelito: me centré en el Corazón. Respiré profundamente e ingresé en ese Espacio Sagrado.

Sentí la mano del Abuelo, Quien se había transformado en un Cóndor. Emprendimos el Vuelo.

Qué bello confiar y disfrutar del Viaje.

Desde las Alturas, veíamos un Manto Verde, de diferentes tonos, todos muy intensos. Abundancia de formas, todas entrelazadas y viviendo en Común Unidad.

"Aquí descenderemos"- me dijo el Abuelo – Cóndor.

Mis pies se posaron en el suelo húmedo. Sentí como los Seres Árboles, me daban la bienvenida.

Grandes Seres Sabios, que conformaban el "Pulmón" de

nuestra Madre.

Comencé a acariciar a uno de ellos, sintiendo la rugosidad de “su piel” mientras le agradecía su tan grandiosa Misión.

Sentí su suspirar.

“¿Quieres decirme algo?”- le pregunté.

“Te agradecemos tantísimo de que estés aquí. Precisamos que la Humanidad tome Consciencia de Quiénes somos. Que conozca más de cerca al Reino Vegetal y su Aporte para con el Todo.

Con nuestra Presencia oxigenamos, nutrimos y también proveemos de Medicina a quien la precise. **Estamos anhelando un Encuentro Consciente con los Seres Humanos.**

Si el Humano se abriera a Nuevas Realidades, podríamos JUNTOS, sanar todas las heridas, que aún palpitan en el Éter de la Madre.

La Medicina está en este Reino y el Nuevo Ser Humano la expandirá, y con ella SANARÁ.

Pero para ello, el Humano debe limpiarse por dentro.

Alberga aún muchas toxinas, de toda índole.

Y esas toxinas opacan su potencial.

El ayuno es fundamental, como primera medida.

Vuestro cuerpo precisa volver a sus funciones originales.

Porque cuando el Cuerpo Templo esté limpio, y sus funciones normalizadas, los sentidos Supra físicos, aflorarán.

Frutos, verduras crudas, cereales y mucha agua.

Mira nuestros frutos. Están aquí para ustedes. La Naturaleza es PROVEEDORA. Y siempre sus Aportes NUTREN.

Toma del fruto que quieras. Deléitate en su sabor. Y agradece a la Madre.

Todos fuimos diseñados para Aportar el MAYOR BIEN. Nada en la Creación está al azar. Todo lo EXISTENTE en la NATURALEZA es PERFECTO en sí mismo. Si conectamos con esa PERFECCIÓN INHERENTE conectaremos con nuestra propia perfección.

Porque tú y yo somos NATURALEZA.

Y cuando el Humano lo recuerde, **cuando el Humano se sensibilice por sus Hermanos, sean del Reino que sean, allí comenzará el FLORECER de nuestra Madre.**

Ella está esperando al HUMANO. Es el único Reino que se ha alejado de su Equilibrio Natural.

Y todos estamos aguardando su Regreso."

Me sentí muy responsable como Humanidad. Y quedé pensando acerca de las heridas en el éter de la Madre.

"Puedes explicarme un poco más acerca de esas heridas?"- le pregunté al Hermano Árbol.

"Claro!"- me dijo.

"Ustedes, los Humanos, en su andar a través de los siglos, por "desconocimiento", se han matado los unos a los otros. Han sentido odio y aún siguen alimentándolo. Se han desconectado de su Corazón. Y todas estas improntas han quedado grabadas en el éter de nuestra Madre.

Cada grito de dolor, cada golpe, cada desprecio, cada

venganza… Todo ha quedado grabado, en el éter y en las aguas.

Y ahora, los Nuevos Humanos, serán quienes llevarán la Medicina al éter y también magnetizarán el Agua.

Con Reverencia y Respeto reconectarán con los Elementos, pidiendo Perdón en Nombre de Toda la Humanidad, sembrando así la Nueva Simiente.

La Sanación y magnetización es RESPONSABILIDAD EXCLUSIVA de los Nuevos Humanos que YA ESTÁN EMERGIENDO.

La BUENA NOTICIA es que cuentan con todo nuestro Apoyo".

Qué lindo saber que el Reservorio Vegetal más grande del Mega Hogar, nos daba su apoyo incondicional.

"Me gustaría aprender"- le dije al Hermano Árbol.

"Lo primero que tienes para aprender de nosotros es

EL EQUILIBRIO."

"Toma Consciencia de cómo nuestras ramas se abren hacia el Cielo mientras nuestra raíces se adentran profundamente en la Madre Tierra.

Cuanto más alto queremos llegar, más nos sostienen nuestras raíces.

Conectamos Cielo y Tierra, en PERFECTO EQUILIBRIO."

Si había algo que sentía ante la Presencia de los Árboles era ALINEACIÓN.

Miré hacia los lados, en busca del Abuelito – Cóndor.

Allí estaba, posado en la rama más alta, observándonos sonriente.

Su mirada amorosa me invitaba a seguir conversando con este maravilloso Ser-Árbol, que había abierto su Corazón para recibirme.

"Bien!"- proseguí.

EQUILIBRIO – repetí para mis adentros.

"Lo segundo: SOMOS SERES QUE APORTAMOS MEDICINA"

"Fuimos diseñados para aportar BIENESTAR.

Si el Humano sólo se alimentara de frutos, hojas, cortezas y raíces, sería muy VITAL.

Es cuestión de experimentarlo.

Somos Portadores de Alta Frecuencia.

Quien se alimenta de nuestros frutos, lo siente en su Vibración."

Esto se estaba tornando muy interesante!

Hasta que nos veamos nuevamente, experimenta con estas dos premisas:

EQUILIBRIO

Y

LIMPIAR TU CANAL CON NUESTRA MEDICINA

Me pareció una excelente Propuesta. Había sentido realizar un reto de 21 días a base de agua magnetizada, tisanas, jugos naturales y frutas. No era casual que el Hermano Árbol me diera este Consejo.

Lo abracé con toda mi Intención Amorosa y le agradecí por este Instante "sin tiempos".

Una brisa suave, movió su follaje, y supe que era su manera de retornarme.

Alcé la mirada a la rama más alta, y allí mi Abuelito Cóndor batió sus alas para venir a mi Encuentro.

Respiré profundo, queriendo llevar en mí esa Energía Selvática, plena de Vida, de Abundancia y de Sabiduría.

Sentí gotas de agua que acariciaban mi cabeza.

Sonreí feliz:

La Madre Tierra me estaba Regalando su PRESENCIA.

TELEPATÍA

Días y días trabajé en el EQUILIBRIO, LIMPIANDO amorosamente MI CANAL.

Hubo días que las RESISTENCIAS se hicieron NOTAR.

Emociones tóxicas, albergadas quien sabe cuánto tiempo, conocieron la Luz.

Algunas salieron a la superficie "en bruto", sin ningún filtro, desorientándome, y, a la vez, liberándome.

Era increíble como esas toxinas estaban "incrustadas" en nuestros cuerpos. Y, cuando las invitábamos a seguir su curso, se apegaban, por temor a desaparecer o a ser transmutadas. Tenían vida propia. Y esa vida era alimentada con nuestras emociones no bien canalizadas, con las memorias de dolor, con los miedos, con los enojos, con el resentimiento.

Cuanto más nos aferrábamos a lo que queríamos evitar,

más alimentábamos esa Vibración. Y esa Vibración emitía y atraía.

Luego nos preguntábamos por qué o para qué nos sucedía lo que nos sucedía.

Y todo había sido generado por ese **apego irracional** a memorias de dolor y a historias "auto- creadas".

Me ayudaba muchísimo imaginarme el tronco erguido de los Hermanos Árboles.

Sentía que eran como Tubos de Luz, a través de los cuales, la Energía terrena ascendía llevando nutrientes a todo el Sistema mientras la Energía celeste descendía sutilizando cada célula.

La INTEGRACIÓN de las Energías Celeste y Terrena, eran EL EQUILIBRIO MISMO.

"Recuerda de lo importante de **OXIGENARTE**"- me dijo una Voz muy semejante a la del Hermano Árbol que había conocido.

"Soy yo!"- me dijo

"Ahora que hemos entablado la Comunicación podemos hacerlo a través del Éter!"

"Qué Bendición!"- me dije.

Estar hablando telepáticamente con un Hermano Árbol que está físicamente en el Amazonas!

"A través de la Telepatía puedes hablar con Quien quieras! Esté donde esté! Recuerda que el Espacio – Tiempo es una Creencia.

Todo es Circular, todo es AQUÍ y AHORA!

Con sólo sentirlo en tu Corazón y SINTONIZAR, la TELEPATÍA SUCEDE!"

"También es muy importante la **SENSACIÓN DE COMÚN UNIDAD**.

Cuando puedes Sentir que **tú eres yo y yo soy tú**, estás a un pasito de lograrlo. ¿Comprendes?"

Sí, lo comprendo- respondí.

"El habernos conocido físicamente ayuda en primeras instancias. Luego verás que con sólo tu ENTREGA e INTENCIÓN lo lograrás sin apoyos físicos".

Comprendí todo lo que podíamos lograr con esa INTERCONEXIÓN CONSCIENTE.

Seres Humanos y Seres Vegetales, comunicándose por Telepatía.

"Y también puedes hacerlo con otros Reinos"- me dijo el Amigo Árbol.

Muy pronto lo experimentarás!"

Estaba asombrada y extasiada. Un Universo maravilloso se desplegaba cuando llegaba la COMPRENSIÓN.

Mientras repasaba todo lo conversado con el Hermano Árbol, recordé la importancia de OXIGENARNOS.

"¿Sabías que el Oxígeno crea las Condiciones para que solo la Luz tenga lugar?"

Lo miré sorprendida.

"Las Creaciones distorsionadas sobreviven por la

ausencia de Oxígeno".

"¿Me puedes explicar?"- dije intrigada.

Las células de todos los organismos están diseñadas para vivir "eternamente", siempre y cuando las Condiciones sean las Adecuadas.

Una de esas Condiciones es que la Célula esté OXIGENADA.

Proveer de Oxígeno a todas las Especies, es una de las misiones del Reino Vegetal.

Sólo podemos hacerlo de manera óptima con LA AYUDA DE TODOS USTEDES.

Con su COLABORACIÓN el ÉXITO ESTÁ ASEGURADO.

"¿Y cómo podemos Colaborar?"- pregunté

"Primero, a través de vuestra Propia Alimentación.

Frutas y verduras crudas, clorofila, frutos secos, raíces y hojas. Todo está puesto DELANTE DE SUS OJOS y quizá por ser tan obvio, NO LO VEN.

Lo segundo, CUIDARNOS.

Los Humanos fueron diseñados para ser nuestros Guardianes.

Al cuidarnos, y dedicarnos su AMOR y ATENCIÓN, nosotros podemos cumplir con nuestra labor, con EXPANSIÓN y ALEGRÍA.

Podemos BENEFICIARNOS MUCHÍSIMO, los UNOS a los OTROS.

Y, al ir OXIGENANDO cada partícula de nuestro AMADO MEGA HOGAR, crearemos JUNTOS las CONDICIONES, para que las Formas de Vida Conscientes TENGAN LUGAR.

Toda forma de Vida que responda a creaciones distorsionadas, se disipará, como la bruma al Salir el SOL.

En la SIMPLEZA está la CLAVE"

ORDEN Y LIMPIEZA PROFUNDA

Llegó el momento de la Limpieza "profunda", y con ello el Orden a Consciencia.

Las Órdenes del Amor.

Primero estaba el Orden, luego el Amor.

Había comenzado a "ordenar", y me daba cuenta de tantas cosas. Empezar a ver mis decisiones desde "afuera" del rol.

Me tomé tiempo para respirar, para ser amplia y ver los detalles.

Había causado mucho daño, sin quererlo y recién hoy lo podía ver.

Tan ensimismada había estado en mí misma, que no había visto "más allá de mi nariz".

Había dejado un vacío en la vida de mis hijos, principalmente del mayor.

Y luego de 10 años, hoy me daba cuenta.

Quería subsanar todo lo que fuera posible.

Sabía que parte ya estaba hecho, mas quería que todo resplandeciera de Luz.

Como era Dentro, era Fuera, y viceversa.

Pedí a los Amadísimos (como me gustaba llamarlos) que Bendijeran nuestro Hogar, cada rinconcito, cada partícula.

Que toda memoria, vibración de interferencia, cualquier tipo de impronta densa, fuera amorosamente desvanecida y transformada en luz y belleza.

Y esta transformación sucedía a través de mí.

A través de la entrega y dedicación amorosa - consciente, limpiando y embelleciendo en profundidad.

Al transcurrir de las horas, me iba sintiendo muy conforme de cómo iba quedando todo.

Ese Orden profundo que tendría que haber hecho tantos años atrás, y que en aquel tiempo me "sobrepasaba" por no sentirme "a la altura y preparada".

Hoy **me había hecho lo suficientemente grande** para hacerlo con toda mi Presencia.

Hoy los Amadísimos asistían con esa luz tan cristalina, que todo lo bendecía.

Me estaba dando el Espacio y el Tiempo, para disfrutar del trayecto.

De disfrutar de cada acción. Llevara el tiempo que llevara, eso no era lo importante.

Lo relevante era poner todo mi Corazón en cada acto.

Y dejar esa impronta vibratoria en cada **Ser Objeto materializado** que se dejaba cuidar, limpiar y amar.

Con el cuidado amoroso, comenzaba a resplandecer la Luz.

Era tan lindo redescubrir a cada Ser... El poder ver todo su potencial y el brillo que de ellos emanaba, tan claramente!

El apreciar la función para la que habían sido creados: siempre a favor del Bienestar de cada Ser Humano.

Comenzar a interactuar con esos Seres Objetos, como Seres que eran.

Nos habían enseñado que lo que nos rodeaba eran cosas "inanimadas" que nos "servían".

Y habíamos extrapolado esto a todo. Ya no sólo lo sentíamos con las "cosas" (como las llamábamos) sino que lo hacíamos con otros Seres Humanos, con los Vegetales y también con los Animales.

Habíamos perdido el Sentido de la Apreciación, del Valor y del Agradecimiento.

"Disponíamos" de lo que nos rodeaba.

El comenzar a ver a Seres en vez de "cosas", dio Vida a todo.

Con cada "cosa" podíamos interactuar.

Todo se tornaba mágico y despertaba el Amor y la Valoración.

El comprender que todo vibraba y que era "moldeable" a nuestras intenciones luminosas y amorosas, era una maravilla.

Íbamos reconociendo que éramos la misma ESENCIA.

Y esto no era Imaginación.

Esta era la **Verdadera REALIDAD.**

Todo lo que observábamos eran millones y millones de partículas maravillosamente sincronizadas, que le daban forma a lo informe.

En cada Ser – forma estaba la ESENCIA.

La forma albergaba a la ESENCIA.

La forma la CONTENÍA.

Mas la ESENCIA se "dejaba contener", porque ella era **ILIMITADA.**

Aceptaba este juego para mostrarse en miles de expresiones, variedades y formas.

Si bien era siempre la misma, jugaba con nuestras percepciones.

Nos hacía creer que la Individualidad existía.

Sólo que cuando descubrías el truco, el AMOR se hacía VISIBLE.

¿Por qué?

Porque la ESENCIA era AMOR.

Pero para llegar a descubrirla, tenías que ver con los Ojos Supra físicos.

Ver "con Vida".

La Vida conectaba con la Vida.

Cuando aportabas VIDA en tu mirada, la ESENCIA se hacía VISIBLE.

Qué maravilla era poder interactuar con la VIDA en sus INFINITAS y TAN VARIADAS FORMAS.

Todas eran OPORTUNIDADES para ACRECENTAR Y EXPANDIR el AMOR.

Y comprendí el Sentido de la Eternidad.

Éramos ETERNOS y nos REENCONTRÁBAMOS en la

ESENCIA de cada FORMA. El AMOR era CONSCIENCIA DIVINA en constante MOVIMIENTO.

Si bien aún no veía las Vibraciones, podía captar la VIDA CONSCIENTE de cada partícula.

Y esto también me daba ALEGRÍA.

Podía interactuar con todo.

Y "ese todo" tenía una respuesta para mí.

La Comunicación se producía "sin palabras".

Era AMOR PURO conectándose con AMOR PURO.

La forma ya no era importante.

Lo que sucedía en esa interacción era lo más significativo.

Todos los Seres se convertían en Puertas, que me llevaban a mí misma.

En todas esas Puertas, había "respuestas", había "aportes", había "expansión".

A través de esa Interacción Amorosa, se expandía nuestro potencial.

Nuestra ESENCIA "se reconocía en el otro" y se AMPLIFICABA, POTENCIABA Y CRECÍA A NIVEL EXPONENCIAL.

Con ese Reconocimiento Inicial, además de beneficiarse las partes se beneficiaba el TODO.

La VIDA en la MIRADA era la LLAVE de la CONEXIÓN.

La mirada finalmente SE HABÍA LIMPIADO!

Aquellas barreras de creencias limitantes y distorsionadas, habían cedido!

Podíamos ver la Realidad, sin interferencias.

Podíamos VER la VIDA, en todo su ESPLENDOR.

En miríadas de POSIBILIDADES…

En ABSOLUTAMENTE TODO!

Si había sido CREADO, la VIDA ESTABA ALLÍ.

Y cuando RECONOCÍAMOS LA VIDA,

ELLA SE EXPANDÍA, FELIZ!

LA SAGRADA MISIÓN DEL AGUA

Sentía a la Lluvia nutriendo cada partícula de nuestro Amado Mega Hogar.

En el Agua estaba la Llave de la Vida.

El Agua era Portadora de Buenas Nuevas.

Era la que provocaba que la Semilla recibiera esa Fuerza Sagrada y Precisa, para animarse a romper la cáscara y dejar salir su raíz.

El Agua estaba al Servicio de la Vida.

Y su EXPANSIÓN era CONSTANTE.

AGUA y VIDA eran la MISMA ESENCIA.

Tanto para Aprender de los Amados Elementos.

El Agua a su vez, nos conectaba con el Sentir: con los Sentimientos y con las Emociones.

Hacía aflorar nuestra Intuición, esa Voz maravillosa que emergía desde lo Profundo.

El Agua también nos llevaba a empatizar con todos los Seres, para entrar en Sintonía y poder hablar el mismo Lenguaje.

Se ofrendaba para que nosotros, A CONSCIENCIA, grabáramos mensajes SUBLIMES en ELLA.

El Agua TRANSPORTABA la INFORMACIÓN.

Cuanta más ELEVADA nuestra CONSCIENCIA, más podíamos GRABAR en ELLA.

Grandes MASAS de AGUA, se albergaban en este Magno Hogar.

Y no era por "Casualidad".

La Divina Matriz había diseñado todo teniendo cada detalle en cuenta.

El Humano EMERGENTE, tenía la laboriosa MISIÓN de GRABAR sus AGUAS, para el BIEN MAYOR de todos sus INTEGRANTES.

No podíamos "olvidar" esta MISIÓN, ya que de ello dependían muchas Vidas.

Habíamos DECIDIDO acompañar a GAIA en su ASCENSO.

Era PREMISA FUNDAMENTAL MAGNETIZAR LAS AGUAS.

El Agua de Lluvia, el Agua de los Mares, el Agua de los Ríos, Cascadas y Lagos.

El Agua de las Nieves Eternas y el Agua en forma de nubes.

El Agua recorría un Ciclo COMPLETO porque ERA COMPLETA en SÍ MISMA.

A través del AGUA viajaba LA FRECUENCIA.

El Agua iba de un Estado a otro, llevando esa "grabación" a los Cielos, a la cima de las Grandes Montañas y a lo más profundo de los Océanos.

BENDITA AGUA que hacía posible la Vida, además del Oxígeno.

Sintonicé.

Cuántos Seres se estaban nutriendo de sus Gotas Vitales instante a instante.

Hasta su sonido era Sanador.

Escuchar las Gotas de Lluvia sobre el tejado.

Escuchar las olas del mar romper en la playa.

Escuchar el sonido de una Cascada.

Todas benditas manifestaciones, que nos llevaban a Estados de Entrega y Armonía.

La Madre Naturaleza era la ARMONÍA MISMA.

Y nosotros éramos NATURALEZA.

La ARMONÍA estaba EN NOSOTROS.

Cada vez que elegíamos alejarnos de la NATURALEZA, también nos alejábamos de la ARMONÍA.

Escuché detenidamente a esas gotas que caían del Cielo.

Esas gotas que venían a recordarnos el papel de la Humanidad para con todos los Reinos.

Nosotros ÉRAMOS AGUA.

Por ende, también teníamos el Don de NUTRIR.

El Don de limpiar profundamente. El Don de impulsar a las Semillas que moraban en cada Ser a que “rompieran sus cascarones”.

Teníamos el Don de APORTAR EN EL CRECIMIENTO DE TODAS LAS MANIFESTACIONES VISIBLES.

Y también teníamos el Don de Circular por TODOS LOS ESTADOS.

Si fuéramos SÓLO AGUA circularíamos sin fin, con Alegría Desbordante.

Giraríamos en Círculos maravillosos y jamás nos detendríamos.

Circularíamos siempre con Ansias de ir más allá, con el fin de Completarnos.

Si sólo fuéramos Agua, la Alegría sería PERMANENTE y CONSTANTE.

Seríamos la CONSCIENCIA ILUMINADA.

Si sólo fuéramos Agua seríamos la SABIDURÍA DE LOS PLANOS SUTILES.

¿Y cómo ser Sólo Agua?

INCORPORÁNDOLA, SINTIÉNDOLA, VENERÁNDOLA y FUNDIÉNDONOS EN ELLA.

Contábamos con una Gran Ayuda: Éramos Agua en un altísimo porcentaje.

Esto también había sido previsto por la Madre Naturaleza.

Sólo nos quedaba hacer NUESTRA PARTE.

EL PODER DEL FUEGO

Había tenido un momento de "descontrol" emocional.

Ya frenaba en seco cualquier actitud avasallante. Y este realmente era un Gran Avance en mi Crecimiento.

Sólo que aún me afectaba poner esos límites.

Afectaba a mi EQUILIBRIO y ARMONÍA.

Tenía que aprender a poner límites, con CALMA y en AMOR.

Aprender a dominar EL FUEGO, que quería expresarse de forma explosiva.

Era importante CUIDAR de NUESTRA ENERGÍA.

Y se podía hacer en AMOR, PAZ y PRESENCIA.

La SEGURIDAD tenía que venir de la PRESENCIA.

De nuestra CONEXIÓN CONSCIENTE con la FUENTE.

Porque si el FUEGO se DESBORDABA, se activaban las emociones, y temporalmente "perdíamos la conexión".

Y también, "perdíamos la PRESENCIA".

Si por alguna razón, aun el FUEGO se expresaba reactivamente, rápidamente teníamos que RECONECTAR y CALMARNOS. Para no seguir CREANDO por DEFECTO.

El FUEGO era muy importante en la Vida de todos los Seres.

Tenía el Don de CONSTRUIR y también de DESTRUIR.

Era el único Elemento que consumía todo de RAÍZ.

El fuego podía QUEMAR TODAS LAS MEMORIAS, TODAS LAS TOXINAS y TODO AQUELLO QUE NO SUMARA.

En las Culturas Originarias, era considerado SAGRADO.

Alrededor del Fuego se tomaban las Grandes Decisiones.

El FUEGO también INSPIRABA.

Y conectaba con el Gran Espíritu.

El fuego en las Vísceras, era la Ausencia del Equilibrio con el Agua.

Mucho Fuego dañaba, como el exceso en todos los Elementos.

El Ser Humano Emergente, tenía que saber EQUILIBRAR todos sus ELEMENTOS.

Siempre el proceso comenzaba en nosotros, y se iba expandiendo gradualmente a nuestras familias, a nuestro Hogar, a nuestro país, a nuestro Continente, a nuestro Hemisferio, y a todo nuestro Mega Hogar.

Como cuando lanzábamos una piedra al lago. Del círculo central comenzaban a expandirse ondas concéntricas, cada vez más y más grandes hasta a veces llegar a la otra orilla.

Una vez iniciado el Movimiento, este adquiría VIDA PROPIA.

Por ello, el Movimiento del FUEGO DESBOCADO sólo expandía DESARMONÍA y TENSIÓN.

Qué Responsabilidad DOMINAR NUESTRO FUEGO.

Y si salía una llamarada, tener el CORAJE de DETENERNOS y DETENER también SU ALCANCE.

Por más que el Orgullo quisiera seguir la Batalla.

Por más que el Odio quisiera hacerse carne en nuestro Cuerpo.

Por más que las Resistencias y el Rencor no quisieran Perdonar y dar Segundas Oportunidades.

Si salía una llamarada, había que recurrir rápidamente al Agua, para que apagase al FUEGO DESBOCADO.

El FUEGO había sido diseñado para CREAR.

También representaba nuestras Emociones en CONFLICTO.

Y como era en el MICRO, era en el MACRO.

Eran los incendios y las erupciones "catástrofes naturales?"

O las creábamos nosotros, con nuestra falta de GESTIÓN EMOCIONAL.

Nos incendiábamos por dentro, y las llamas se hacían VISIBLES en la SELVA.

Conteníamos odios, rencores y resentimientos… y estallaba un VOLCÁN.

Teníamos RESPONSABILIDAD en todo lo que sucedía en la NATURALEZA.

ABSOLUTAMENTE EN TODO.

Tanto en lo más BELLO y SUBLIME, como en lo que no.

La Naturaleza era tan SABIA, que se regeneraba una y otra vez, con el fin de ENSEÑARNOS, si observábamos.

Y estaba también en nosotros el Don de REGENERARNOS. Porque éramos NATURALEZA.

El APRENDER de la NATURALEZA era aprender acerca de nosotros mismos.

Claro, a veces era más fácil "mirar hacia otro lado".

No siempre nos daba placer ver lo que veíamos, más aún cuando teníamos RESPONSABILIDAD en ello.

La Buena Nueva era que LUEGO DEL DOLOR INICIAL, venía la ACCIÓN INSPIRADA.

El DOLOR INICIAL tenía un PROPÓSITO.

La NATURALEZA no castigaba. Sólo retornaba lo que recibía.

Cuántas señales nos daba la NATURALEZA una y otra vez.

Nos mostraba el "estado" de nuestras emociones.

Habíamos venido aquí para que este Sagrado lugar BRILLARA DE LUZ.

Nos habíamos comprometido a ello, porque en el momento de decir SÍ, nos habíamos sentido "capaces".

Saltamos al "vacío", con CONFIANZA y CERTEZA y entramos a un lugar cálido y confortable que nos daba la bienvenida: el útero de nuestra Madre Terrena.

Acordamos, por 9 meses, dejarnos cuidar por ella y papá. Íbamos ingresando, gradualmente, en este plano.

Y nos fuimos "acomodando" en ese Nuevo Espacio.

A veces, a lo lejos, sentíamos "alguna voz" y nos intrigaba saber de quién se trataba.

Otras veces sentíamos a Mamá preocupada o angustiada, y nos contraíamos, como queriéndola acompañar en su proceso.

También Mamá a veces se enojaba, tenía impotencia. También soñaba, reía y cantaba.

Todo lo íbamos aprehendiendo. Todo lo íbamos grabando en nuestras partículas.

Eran las Herramientas Primarias con las que íbamos a contar para iniciar el "Viaje".

A medida que se acercaba "el momento", nos daba un poco de miedo atravesar ese Túnel.

¿Qué había del otro lado?

Nos decían que teníamos que girarnos, que ponernos de "cabeza" para que la salida fuera más fácil.

Algunos tenían más coraje y salían con ímpetu.

Otros, a "último momento" cambiábamos de decisión y queríamos permanecer allí.

Mas la Vida estaba tan perfectamente diseñada, que te gustara o no, quisieras o no, tenías que salir.

Tenías que dar ese paso. Aunque no te "hubieras girado" para agilizar la salida.

Ese había sido mi caso.

Me agarré con fuerzas a Mamá.

No quería salir. Tenía miedo.

Tenía miedo a "abrir caminos". Tenía miedo a adentrarme en ese mundo "desconocido" y no tener las herramientas suficientes para "sobrevivir".

No me giré, pero el momento llegó. Y "me sacaron" igual.

Mi madre fue la que dio, por Amor, el Impulso mayor, para que yo saliera lo más ilesa posible.

A costa de dolor, ella priorizó mi Bienestar.

Yo no lo entendí en ese momento.

Sentí que Mamá me expulsaba de su vientre.

Allí hice mi Primera Conexión Neuronal: Mamá no me quiere.

Quiere "deshacerse" de mí.

Salí...

En aquellos tiempos, al recién nacido no lo dejaban con su Madre. Rápidamente lo vestían y lo llevaban a una gran sala fría, donde el niño apenas nacer, era desvinculado de "todo lo conocido". Lloraras o no, esas eran las reglas.

Y allí estaba yo. Clamando por ese Espacio tan cálido, del cual ya no formaba parte.

En un mundo tan grande y frío, mi llanto no siempre era escuchado.

Quizá allí comenzó la afección en mi garganta.

A los pocos días de nacer, ya tuve una angina que casi me lleva de retorno "a casa".

Cuenta mi papá, que al ir a verme, yo estaba con los ojos muy abiertos mirando hacia el cielo, y mis bracitos estirados hacia arriba, girando las manitos.

Tal vez estaba queriendo abrazar a esos Seres a los que

aún veía y que habían decidido cuidarme en toda esta estancia terrena.

No me fue fácil transitar por este plano.

Con una sensibilidad extrema, hubo muchos momentos donde sentí no encajaba.

A veces miraba con tristeza e impotencia el accionar de algunos Seres.

Cuantas veces lloré en silencio, porque no comprendía.

Además venía con el Viejo Paradigma de SALVAR AL MUNDO.

Y en aquel tiempo, no sabía "por dónde empezar".

Hoy, a mis 51 años, contaba con más herramientas.

Hoy me estaba "amigando" de alguna manera con este cúmulo de Vibraciones entrelazadas.

Me había llevado muchas lágrimas. También risas y abrazos.

Muchos momentos de Soledad y un Diálogo bellísimo Conmigo misma.

Como había dicho mi hijo menor hacía unos días:

"La persona con la que vas a estar toda la Vida es con Vos misma.

Así que es bueno que tengas una buena relación".

SIEMPRE A FAVOR

Hoy me había despertado más temprano que de costumbre.

Quería expresar todo lo que sentía.

Quería dejar una Impronta.

Que mi paso por este plano no haya sido en vano.

Quería que todos los Seres de todos los Reinos se expresaran a través de Mí.

Que la Voz de la Madre se hiciera VISIBLE.

Quería HACER MI PARTE.

Quería tocar muchos Corazones, con el fin de que LATIERAN con FUERZA.

Estaba a favor de la VIDA.

Aunque en algún momento, allá por mis 21 años me había comenzado a "rendir".

Si había vivido todo lo que había vivido.

Si había soportado todo lo soportado.

Si había sacado fuerzas de donde no sabía que tenía para estar aquí, era POR y PARA algo.

Y aunque no siempre había sido comprendida, ese no era el punto.

“En la aflicción del Dolor os encontraréis”, decía la frase.

Aún podía sentir ese Dolor en Mí.

Ese Dolor había permanecido.

Había soportado Fuertes Batallas, y aún seguía de pie.

Afloraba por momentos y clamaba por salir.

Quise saber más, tal vez hoy había llegado el Momento:

¿De dónde venía?

¿Para qué estaba aquí?

¿Qué era lo que tenía que sanar?

Y vi un lugar muy oscuro, donde me sentí literalmente “sola”.

Un lugar que no quería recordar porque me daba vergüenza.

Un lugar donde había sido “avasallada” y que, por miedo y timidez, había permitido lo impermitible.

Mi Cuerpo Templo había sido “transgredido”.

Esa Pureza, de alguna manera, “manchada”.

Y guardé Silencio. Ese Silencio que tantas veces, luego, afectó a mi garganta.

Ese Grito contenido, había quedado allí.

La Indignación, la vergüenza y el miedo a la “oscuridad”,

también habían quedado allí.

Por años luché "en contra de la oscuridad".

Hasta que fui comprendiendo que era más sabio y efectivo, estar A FAVOR DE LA VIDA.

Hoy, en este Instante Santo, bendigo con el más Puro Amor todo lo vivido a mi temprana edad.

Todo lo que recuerdo, y lo que no.

Bendigo a todos los Seres que se acercaron a Mí por Vibración.

Bendigo todas las Experiencias Dolorosas que me trajeron hasta aquí.

Las Bendigo, para que el Amor desvanezca todo aquello que ya no es útil y para que reacomode todas las partículas en pos del Bien Mayor, de la Paz y de la Alegría.

Más allá de todo lo vivido, SIEMPRE ELEGÍ ser FIEL a los VALORES.

En un mundo "al revés", no me importó el "afuera".

Aunque mi Luz fuera tan sólo la llamita de una vela, siempre opté por ser VELA.

Y lo seguiré siendo.

Por eso estoy aquí, escribiéndote.

Para decirte que siempre, pase lo que pase, SIGAS ADELANTE.

Para que SEAS FIEL a TI, en todo momento y lugar.

Para que tu PUREZA siga INTACTA.

Siempre conecta, no te quedes con lo que ves.

VE SIEMPRE UN POCO MÁS ALLÁ.

CONFÍA EN ESOS SERES QUE TE CUIDAN DESDE SIEMPRE.

ELLOS TE COBIJARÁN EN SUS BRAZOS INVISIBLES, y todo SERÁ SUPERADO.

SOMOS SERES DE UN CORAJE EXTREMO.

Sólo que aún confiamos más en nuestros límites que en nuestro POTENCIAL.

Hago aquí una PAUSA, para que te RE ENCUENTRES CONTIGO.

Para que TE CUENTES TU VERDAD.

Si lloras, ¿qué importa?

Es SANACIÓN DEL ALMA!

Son los Ríos de la Vida los que fluyen por tus mejillas.

La LIMPIEZA PROFUNDA siempre aporta BIENESTAR.

Y esas lágrimas van barriendo todos los residuos emocionales albergados por tantos años.

EL AGUA es VIDA: RECUÉRDALO.

Cuando ELLA FLUYA, no la LIMITES.

DEJA QUE SALGA, DEJA QUE SE EXPRESE.

Tu Corazón lo agradecerá, porque DESCOMPRIMIRÁ.

Y te llevará al SIGUIENTE NIVEL.

En cada SALTO CUÁNTICO hay una LIMPIEZA PROFUNDA que lo IMPULSA.

PARA SALTAR tenemos que estar LIVIANOS.

PARA VOLAR, más aún.

Transformemos la Conexión Neuronal de que “llorar es malo” por DEJO FLUIR EL AGUA EN MÍ PARA QUE LIMPIE, BENDIGA y SANE.

Y como así lo creo, ASÍ ES!

Lo prometido es lo prometido. Nos vemos en unas líneas.

PROMÉTEME QUE TE REENCONTRARÁS.

Que con mucho Amor te mirarás al Espejo y dejarás salir lo que tu Ser quiera expresar desde lo más Profundo.

No lo limites, porque si así lo haces, lo seguirás "portando".

Y seguirás atrayendo "por defecto".

Es tiempo de ser VALIENTES.

AL menos YO DECIDO SERLO.

¿Me acompañas?

Te ABRAZO FUERTE, FUERTE, FUERTE.

AMADO CORAZÓN VALIENTE.

LIBERACIÓN

Continuaba ordenando y limpiando profundamente nuestro hogar.

Sabía que, como era en lo pequeño, era en lo grande.

Como era en el Micro, era en el Macro.

Tener el Coraje y el Amor de DEJAR IR lo que ya había cumplido su cometido y abrirnos a que Luminosas y Cristalinas Energías colmaran el Espacio.

Por momentos disfrutaba plenamente del Proceso, con mucha Presencia, Dedicación, Atención y Amor.

En otros, evidentemente el "tocar" algunas energías, provocaba resistencias, rechazos y enojos.

Me estaba pasando que, ante la presencia de algunas energías, cuando éstas perduraban más de lo que podía tolerar, me desequilibraba y enojaba, sin darme cuenta que, con ese enojo, me dañaba y echaba por tierra todo lo logrado.

Era un Gran Aprendizaje el Ser Firme con Amor.

Y tenía que aprenderlo, por mi Bien y por todo lo que venía de Camino.

Durante muchos años de mi vida, me había costado decir lo que sentía.

Enojos guardados, impotencia contenida.

Mi garganta había sido afectada más de una vez.

Hipotiroidismo, días de tos, silencios interminables cuando decidía quedar muda antes que decir algo sin sentido.

Hoy quería HABITAR un Hogar que tuviera mi Energía, Impronta y Amor.

Por muchos años, había compartido Espacios y me había ido "acomodando" a las Energías de con Quienes compartía.

Hoy quería expandirme, sin más "demoras" en el Camino.

Quería PERMITIRME ser FELIZ.

Entonces, me pregunté:

¿Dónde quiero estar HOY?

¿Qué ES lo que anhela mi Ser?

Fue así como un dolor profundo afloró en mí.

Todas las lágrimas no vertidas por tanto tiempo encontraron su EXPRESIÓN.

La limpieza del Cuerpo Templo era un FIEL reflejo de la limpieza en nuestro hogar.

Era también una manera de DEJAR IR.

Y así tenía que ser.

Gradualmente las lágrimas fueron cesando.

Algunos suspiros descomprimieron el Corazón.

Y de a poco, retornó a la Paz.

Ya no quería traicionarme más en ningún aspecto.

Tampoco negociar con nadie.

Si era preciso estar en Silencio, así sería.

Si era preciso sumergirme en la música y en mi estado, así sería.

Por lo pronto, tenía que crear mi espacio aquí mismo.

Sin barreras energéticas.

Desde la Paz de mi Corazón.

Quería priorizar mi Bienestar.

Precisaba imperiosamente estar en Mí.

Serme FIEL, AMARME, ESCUCHARME y MIMARME.

Tenía que hacerlo.

Tenía todo el Caudal Amoroso para prodigarme.

Y como amaba a mi Cuerpo Templo, quería cuidarlo y nutrirlo con todo lo que le hiciera **realmente bien.**

RESPONSABILIDAD COMPARTIDA

Muchas veces utilizábamos nuestro Cuerpo Templo como “factor de ajuste”.

Era importante AMARNOS y ya no permitirnos desequilibrarnos o intoxicarnos con Energías que no sumaban.

Claro que haríamos NUESTRA PARTE, pero no la parte “del otro”.

La Responsabilidad ERA COMPARTIDA.

RENOVACIÓN

Se sucedieron días de mucho “Orden”.

La limpieza iba a fondo.

Ya sólo embellecer la superficie no tenía ningún sentido.

Si bien llevaba “tiempo” y dedicación, el resultado era sorprendente.

Iba cajón por cajón, alacena por alacena.

La RENOVACIÓN se iba manifestando.

Es que cuando comienzas a ordenar y a limpiar a Consciencia, se hacen visibles algunas Energías que no quieren dejar su Espacio.

Energías que por muchos años se han “alimentado” de nuestras emociones tóxicas, del caos, de la falta de propósito, del desgano y de tantos “nutrientes” que nosotros mismos les hemos “proveído”.

Sin darnos cuenta del daño que nos hemos estado causando, hemos sido los impulsores de verdaderos "círculos viciosos".

Y cuando queremos "parar la rueda", ésta se resiste: quiere seguir girando.

En este proceso, muchas veces nos salimos de "eje".

Lo importante ES que AHORA, tenemos claro hacia dónde vamos, y, más allá de los embates del "afuera" (que en realidad son reflejos de lo interno) estamos dispuestos a llegar hasta las últimas consecuencias.

¿Y cuál ES esa "última consecuencia"?

La Última Consecuencia es **LA LUZ.**

CONTACTOS CON EL YAGUARETÉ

"Todo CIRCULA y se AUTO SUSTENTA en un Marco de LEY y ORDEN"- me dijo una voz, que sonaba levemente diferente de las que venía escuchando.

Tenía un tono más grave, y como una especie de ronroneo.

Era una Presencia GRANDIOSA!

"Soy tu Hermano. Vivo en la Selva. En idioma guaraní me llaman YAGUARETÉ".

"Soy el Jaguar Verdadero".

Quedé sin aliento. Hacía días que su imagen se me venía una y otra vez.

Con una mirada profunda y consciente, quería captar mi atención.

El Yaguareté era el mayor felino de América, y en un pasado no tan distante, su hábitat había sido prácticamente todo el continente.

Era un Ser Solitario, que amaba el Agua. Era un Gran Nadador.

Además no se presentaba mucho ante los Seres Humanos.

Evidentemente había algo en nosotros, que él prefería evitar.

Era un privilegio maravilloso que se presentara ante mí.

Con mucha Reverencia y Agradecimiento, traté de seguir esta conversación, que él había iniciado.

"Gracias por contactarte"- le dije.

"Soy el Representante de las Emociones. Y vengo a tu encuentro, porque has tenido la Valentía de comenzar a afrontar tus propias sombras.

Esto es algo que a los humanos, en general, les da mucho miedo.

Han crecido en culturas, donde "ser buenos" es lo primordial.

El "ser buenos" en la superficie, dejando ocultas esas emociones tóxicas que siguen atrayendo como un imán más allá que ustedes así no lo crean.

Lo que estás haciendo en tu Hogar, lo estás haciendo en Ti. Y viceversa.

TODO ESTÁ INTERCONECTADO.

Todos los Seres, ABSOLUTAMENTE TODOS, tenemos sombras.

La diferencia es que algunos somos más conscientes de ellas que otros.

Y EL SER CONSCIENTES DE NUESTRAS SOMBRAS, nos da muchas ventajas ya que PODEMOS, literalmente, GENERAR UN CAMBIO.

Esas emociones tóxicas, vienen del Cuerpo Colectivo Planetario.

Hay Seres más Sensibles que las toman como Propias.

La Verdad es que hemos ACORDADO venir a este Plano para ser COLABORADORES en la TRANSFORMACIÓN.

A TRANSFORMAR las EMOCIONES TÓXICAS en NUEVOS NUTRIENTES QUE APORTEN AL BIEN MAYOR.

La materia no "desaparece". El Nuevo Ser Humano tiene la Capacidad de REACOMODAR LAS PARTÍCULAS de la MATERIA, para IRRADIAR- ATRAER energías más SUTILES y BENÉFICAS.

Piensa sólo por un instante: El antídoto para la mordedura de la Víbora está en el mismo Veneno que causa la "muerte".

En la Naturaleza TODO ES ASÍ.

En lo "aparentemente MALO", está la Simiente de lo "bueno".

Podríamos decir entonces que en las emociones tóxicas está la Simiente de ESTADOS MARAVILLOSOS DE CONSCIENCIA.

Por ello CONOCER, VIVIR y AFRONTAR esas EMOCIONES que todos quisiéramos ESCONDER, OCULTAR y EVITAR, es un acto de TREMENDA VALENTÍA.

Para nosotros, vuestros Hermanos, es el TESTIMONIO de que están REALMENTE COMPROMETIDOS y por ello NOS ACERCAMOS.

Al Ustedes DESPERTAR sus sentidos Supra Físicos, nos dan la Oportunidad de HACER NUESTRA PARTE.

Nosotros no estamos aquí sólo para "decorar el escenario".

Los Grandes Felinos tenemos una Misión para con nuestro Mega Hogar. Como todos los Seres.

Nosotros Somos Guardianes de los Estados más Poderosos de Consciencia.

Somos los Encargados de que nadie llegue allí sin ESTAR PREPARADO.

El manejo de las Energías requiere de mucha RESPONSABILIDAD.

Y la Naturaleza también lo ha previsto.

Tiene sus Guardianes, en lugares Clave, para que aquél que quiera "pasarse" del Orden Natural, no llegue a Destino.

Los Felinos, podemos ver más allá.

Vemos las INTENCIONES de los Seres Humanos.

Y eso es lo que hace que nos acerquemos o alejemos".

Quedé maravillada. El Yaguareté aparecía cuando había tenido grandes pujas internas, con emociones de todo tipo. Emociones que habían sido más intensas de lo habitual.

Me alegraba tanto que Él estuviera cerca.

Daba aliento para seguir, bajo la Luz de una Nueva Consciencia.

"Seré tu Amigo si me lo permites"- me dijo.

"¿Sabes que cuando los Humanos nos tienen Presentes comienzan a adquirir nuestras Cualidades?"

"Somos una MEGA CONSCIENCIA donde todos estamos INTERRELACIONADOS. Podemos ayudarnos GRANDEMENTE unos a otros SI tan sólo nos viéramos y SINTIÉRAMOS como una Gran FAMILIA.

El Nuevo Ser Humano, INTEGRARÁ A TODOS LOS REINOS en su Diario Vivir.

Y al INTEGRARNOS, APRENDERÁ.

Más de uno hará cambios de HÁBITOS, especialmente ALIMENTICIOS.

No por moda, o por fines superficiales.

Sino porque comprenderá que el MAYOR DEPREDADOR de los Recursos Naturales es él mismo.

La Naturaleza provee en ABUNDANCIA de todos los alimentos y medicinas que el Ser Humano precisa.

Más él se empeña en querer crear lo que ya está creado.

Y no sólo ello, sino que transgrede una y otra vez esas Leyes Naturales que permiten la ARMONÍA GLOBAL.

Cada Ser tiene que OCUPAR SU LUGAR.

La NATURALEZA es ORDENADA.

Y ese ÓRDEN es DINÁMICO y FLEXIBLE.

Ese ÓRDEN tiene en cuenta a TODAS LAS PARTES".

Así era. Qué importante era vivir "en orden".

"Sigue practicando en tu Hogar, porque luego lo harás en Gran Escala.

Si conoces las Leyes, las aplicarás donde sea y con

quien sea.

Las Leyes Naturales están diseñadas PARA QUE TODOS NOS BENEFICIEMOS.

De no haber un ORDEN INHERENTE, sería imposible la Convivencia Armónica de tantas especies.

Ustedes, los Humanos, ven como "malo" que yo cace un venado para comer. Yo cazo un venado para comer varios días.

Ustedes matan miles y miles de vacas, ciervos, pumas, elefantes, ballenas, delfines y se justifican a sí mismos que es por "la piel", para "alimentarse", por "placer", por "deporte".

¿Esto no es matar?

¿Sabían que nosotros también sentimos?

¿Cuántos casos hay de lobos, osos, leones que se acercan al humano, y disfrutan de sus mimos y cuidados?

¿Quién les ha hecho creer que somos salvajes y que no merecemos vivir?

¿Por qué creen que sentimos defendernos?

Si ustedes vivieran en Armonía, irradiarían una Vibración que permitiría que MUCHAS ESPECIES nos acercáramos.

Tenemos TANTO PARA COMPARTIR CON USTEDES, y ustedes deciden mirar "para otro lado".

Más estamos ESPERANZADOS, porque percibimos una LUZ que cada vez es más potente.

Una LUZ que proviene de SERES que ya han entendido su PARA QUÉ aquí en la Tierra.

Y, además de entenderlo, HAN COMENZADO a HACER SU PARTE.

Esa LUZ, es la que CAMBIARÁ AL MUNDO.

Y lo cambiará porque esa LUZ viene desde DENTRO.

DESDE LA FUSIÓN CON LA ESENCIA QUE NOS COMUN UNE A TODOS.

ESTAMOS ESPERANZADOS.

SABEMOS QUE LA HUMANIDAD ESTÁ DANDO UN GRAN PASO.

Y NOSOTROS LOS APOYAMOS.

Te saludo HERMANA, volveremos a ENCONTRARNOS".

Y con un ronroneo final, el Amado Yaguareté volvió a la Selva, dejándome en Estado de Consciencia Amorosa revalorizando la importancia de una Vida EN ORDEN.

Con Humildad me dispuse a SEGUIR ACCIONANDO.

Y miré con Amor a todas esas Emociones Tóxicas que tanto me habían sacudido estos días.

SABÍA QUE LA SIMIENTE DE ESTADOS SUTILES DE CONSCIENCIA ESTABA ALLÍ.

Agradecí profundamente al HERMANO YAGUARETÉ.

Y el Orden Divino se manifestó en nuestro Hogar.

Energías profundamente arraigadas, que "no sumaban", si bien se resistieron profundamente, aceptaron ser "erradicadas".

Las invitamos a que amorosamente siguieran su curso.

Nuevos Espacios se manifestaron. Se hicieron Visibles e invadieron con su Luz.

Lo más notorio fue el RENACER de la relación con mi esposo Omar.

Esa Confianza Plena y Amor Puro que habíamos sentido el Uno por el Otro, desde el Inicio mismo, allí estaba: INTACTO.

Al re encontrarnos a solas, SÓLO CON NUESTRAS PRESENCIAS, pudimos expandirnos en LIBERTAD.

Es que todo este tiempo, ambos habíamos estado reparando nuestras Alas, y, evidentemente, ya estaban prontas para desplegarse y emprender el vuelo.

Qué importante era darse el Espacio.

Nuestro Ser nos lo hacía saber rápidamente.

Al ir creciendo internamente, nos íbamos expandiendo.

Y, al expandirnos, nuestro cuerpo aural era cada vez mayor.

A veces se relacionaba con Seres Afines, y los albergaba y cobijaba.

Mas cuando nuestro Cuerpo Aural tocaba a otro que no vibraba de manera afín, comenzaba “el roce”. Si ese “roce” no se trataba a tiempo, comenzaban las “sacudidas”, los “desequilibrios” y el “malestar”.

Ambas partes lo sentían, como así también todo aquello que estuviera dentro de ese Campo, fuera del reino que fuera.

Aparecían los “desperfectos”, las “roturas”, la “sobresaturación”. Ese exceso de energía por fricción, como ocurría con las masas de aire ante una tormenta, desencadenaban luego en rayos, truenos y relámpagos.

Y llegaba la lluvia, la descarga, la PRECIPITACIÓN.

Y luego de esa MANIFESTACIÓN, la PAZ.

La Tormenta era de mayor o de menor intensidad, de acuerdo al grado de fricción entre las dos masas de aire o los dos Campos Energéticos.

Comprendía lo importante de **NO PERSEVERAR en las FRICCIONES.**

Era muy nocivo para todas las partes intervinientes.

Me sentí un poco avergonzada.

Al sentir esos estados, me había permitido "dañarme" por falta de VALOR y por QUERER SOSTENER un falso concepto del AMOR.

Cuántas veces queríamos sostener el amor DISTORSIONADO. Y esto no hacía más que perpetuar el Desequilibrio.

Fui comprendiendo lo importante del ORDEN.

Primero el ORDEN, luego el AMOR

Y sucedió algo más.

Conecté con la ETERNIDAD.

Era tal la Expansión FUSIÓN con ese Estado Eterno, que tenía que APRENDER a ANCLARME sin "apoyos externos".

Era posible expandirnos en los Estados Sutiles, manteniendo nuestras plantas apoyadas en la Tierra y estando AMOROSAMENTE ERGUIDOS, **sin RIGIDEZ y con PRESENCIA.**

Valoré profundamente la Misión de nuestra Columna Vertebral.

Ese ENGRANAJE PERFECTO, que nos permitía ser CANALES de UNIDAD, entre CIELO y TIERRA.

"Tienen que FLEXIBILIZAR su columna"- dijo mi nuevo amigo.

"Caminen con ELEGANCIA y SIGILO. Sientan cada parte de su Cuerpo Templo al avanzar por la Vida.

Sean conscientes si van contraídos o van expandidos. Si están receptivos o a la defensiva.

¿Sonríen? ¿O su rostro está tensionado?

¿Van respirando profundo? ¿O están agitados?

Cuando caminen, obsérvense.

Estén atentos en el ARTE del ANDAR.

Recuerda que el Camino se despliega cuando ES TRANSITADO CONSCIENTEMENTE.

Cuanto más estén conscientes de su Cuerpo Templo, más fluida será la Energía que circule a través.

En la ATENCIÓN y en la PRESENCIA, están las CLAVES."

¿Quién mejor que este felino para enseñarnos el ARTE del ANDAR?

Aprender de esa Mirada tan PENETRANTE y PODEROSA, en estado SILENTE.

Él se imponía por PRESENCIA, no por rugir fuerte o por ser agresivo sin motivos.

La Mirada EMPODERADA, nacida de la PRESENCIA MISMA **ANCLADA EN NUESTRO CUERPO TEMPLO**, es la LUZ DE LA CONSCIENCIA que HABLA sin PALABRAS y que TODOS ENTIENDEN.

"Ahora tienes que PRACTICAR"- me dijo el Yaguareté.

"Estar PRESENTE sin que nada TE AFECTE es el MAYOR ACTO DE VALENTÍA para conectar CON TODOS LOS REINOS".

Sabía que detrás de esas palabras había una PROMESA, una LUZ de ESPERANZA.

Nos estaban dando la OPORTUNIDAD.

PRESENCIA, AUTOSOSTÉN, EQUILIBRIO y CONSCIENCIA.

¡GRACIAS!

EL PASAJE A OTROS PLANOS

Sincrónicamente, Seres que ya habían partido a planos más sutiles de Consciencia, comenzaron a hacerse Muy Presentes.

Como un Gran Equipo Celestial, venían a mi Encuentro, para, en la medida que conectara con ellos, encarnara sus Virtudes y Logros.

Me maravillaba esta interacción tan palpable.

Decididamente los Planos se estaban acercando, y no sólo ello. Se estaban interrelacionando e integrando.

Estábamos volviendo a ver la Vida y la Muerte como algo Natural.

De hecho, la Muerte no estaba "en contra de la Vida".

La Muerte era un Pasaje, un Paso dado con Amor, Valentía y Entrega a esos Planos que eran parte de Nuestra Esencia.

Y una dulce voz me dijo:

"Reemplaza la palabra Muerte por PASAJE".

La palabra me gustó. Pasaje me conectaba con "viaje". Y amaba los viajes.

"Cuanto más preparados estemos para transitar este Pasaje con Entrega y Amor, más disfrutaremos de este Aquí y Ahora, en la Tierra.

El miedo inconsciente a la muerte, hace que más de una vez tomemos decisiones que nos alejan de nuestra Felicidad.

Muchas decisiones son tomadas por APEGO, y el APEGO nos cierra Posibilidades.

El APEGO nos hace ver a corto plazo.

Y la Vida merece ser Vivida con VISIÓN A LARGO PLAZO.

Al ver más allá podemos PREVEER, y eso nos da un "plano de ruta" mucho más amplio.

Se puede optimizar mucho cada paso cuando PREVEEMOS.

La Vida transcurre.

Cuanto más detalles tengamos en cuenta, más la disfrutaremos."

Quedé pensativa. La Vida transcurría, más allá de nuestros estados, más allá de nuestros puntos de vista, más allá de nuestros miedos.

La Vida no se detenía a ver qué decidíamos hacer.

Cuanto más nos enredáramos en sentires sin sentido, más perdíamos la Oportunidad de **VIVIR CON TODOS LOS SENTIDOS.**

“Es muy importante que reconozcas tus Emociones.

Que vayas a la raíz de cada sentir y de cada **reacción.**

Si aparece la reacción es síntoma de que tienes que DETENERTE.

Quedar en Silencio, sin reprimir.

Respirando y AUTOGESTIONANDO que la **Energía CIRCULE.**

Cuando la ENERGÍA REACTIVA se ANCLA en nuestro Cuerpo Templo por demasiado tiempo físico, la enfermedad aparece.

Es importante que nosotros mismos seamos los encargados de que la Energía CIRCULE LIBREMENTE A TRAVÉS DE NUESTRO CUERPO TEMPLO.

Sólo nosotros somos los RESPONSABLES.

Culpar es parte del Viejo Paradigma.

De hecho la palabra culpa también ha de ser reemplazada inmediatamente.

En todo caso, podemos decir:

La raíz de este desenlace es…

Esto nos lleva irremediablemente a nuestro interno.

Si hoy hay algo en tu Vida que no te completa.

Algo que no te da Paz, Dicha y Agradecimiento…

Pregúntate:

¿Cuál es la raíz que me llevó a vivir este desenlace?

Y luego date el Espacio para que la Respuesta se haga Visible.

Si llega a Ti es porque estás preparado para lo que sigue.

Estás preparado para RESTAURAR, para DEJAR IR

CON AMOR y para EMPRENDER EL VUELO que tu SER ASPIRA.

Si aún no llega, persevera en la pregunta, día tras día:

¿Cuál es la raíz que me llevó a vivir este desenlace?

Si eres PERSEVERANTE, todo se orquestará para que llegues a la RESTAURACIÓN.

Todos los Seres que hemos elegido ENCARNAR en este Plano, venimos a AMAR, EXPANDIR, ELEVAR y RESTAURAR.

Estamos gradualmente regresando al Orden Natural, donde cada Quien hace su parte, donde cada Quien OCUPA SU LUGAR.

En un rompecabezas, no colocamos cualquier pieza en cualquier lugar.

En el Divino Diseño, cada pieza TIENE SU LUGAR.

Está en TI, está en MÍ, RECONOCER ese LUGAR, y OCUPARLO, con nuestra PRESENCIA, con nuestra LUZ, con nuestros DONES, con nuestra **CONSCIENCIA ACTIVA AL SERVICIO DE TODOS LOS SERES.**

¿Cómo comenzar?

OCUPANDO NUESTRO CUERPO TEMPLO... HABITÁNDOLO, ENCARNÁNDOLO partícula por partícula, célula por célula.

Luego HABITAR nuestro HOGAR. Cada habitación representa parte de nosotros. Si iluminamos cada rincón, nos estaremos iluminando a nosotros mismos.

Y lo que hagamos en nuestro Hogar será la SIMIENTE para luego hacerlo a Gran Escala, en nuestro Mega Hogar.

Siempre de DENTRO hacia AFUERA.

Es allí donde reside la Mayor Fuerza.

Desde Dentro, hacia Fuera.

Y aconteció que mi padrino, aquí en la Tierra, estaba pronto a partir. Su ser se estaba preparando para "emprender el viaje" hacia otras dimensiones de Consciencia.

Sentí el impulso amoroso de ir a verlo.

Fue un encuentro mágico, donde el Amor, la Consciencia, las miradas profundas y nuestros Seres se comunicaron.

Él tenía un regalo para mí, que me emocionó profundamente.

De joven gustaba de esquiar en uno de los Cerros más bellos de nuestra región: el Cerro Catedral.

Allí, en la ladera de la montaña, había encontrado un anillo, al que él bautizó "el anillo de la buena suerte". Si bien nunca antes había usado un anillo, se lo puso y lo usó hasta unos días antes de ir a visitarlo.

Gratísima fue mi sorpresa cuando al regalármelo, veo en él, representado, el símbolo del Yin y del Yang: el perfecto Equilibrio, según la sabiduría oriental.

Me dije: Si para mi padrino era el "anillo de la buena suerte" y tuvo tantos logros en su vida, a partir de hoy este anillo será mi benefactor.

De manera que me lo puse, y calzó perfecto en mi mano izquierda, la que conducía al Corazón.

Hoy había ido a visitarlo nuevamente, y ya prácticamente no abría los ojos. Estaba más sereno y entregado, y pude comprender que esa charla tan magnífica había sido nuestra "despedida" en este plano.

Si bien aún su Cuerpo Templo estaba aquí, sus cuerpos Sutiles ya se estaban desprendiendo.

Sentía acompañarlo en este pasaje.

Me inspiraba mucho Amor y mucha Paz hacerlo.

Siempre sentí algo maravilloso en acompañar... Acompañar al recién nacido, a “traspasar el túnel”, y acompañar al que partía, conformando ese tubo de luz radiante que permitía su ascensión, en compañía de los Seres Amados que venían a su Encuentro.

Me felicité por ser fiel a mi Voz.

Tantas veces la Voz nos guiaba y decidíamos tomar otro rumbo.

Luego nos lamentábamos de no haberla seguido.

Cuando reaccionábamos, ya era tarde.

Y así se nos iba la Vida.

Instantes preciosos y valiosos que ya no volverían como tales.

“Cuanto más Presente estés en tu Cuerpo Templo, y mantengas intacta la Conexión con la Fuente, más podrás apreciar cada instante con el Amor y el Respeto que se merecen.

Y sentirás Gratitud. Porque allí comprenderás el Verdadero Sentido de la Vida.

EL COMPARTIR.

La Energía Amorosa, tiene que CIRCULAR.

Y lo hace a través nuestro, que somos los PUENTES”.

Me pregunté quién me hablaba esta vez.

“Soy Dominga, la madre de tu padrino”- me dijo.

“Me has visto hoy cuando meditabas a su lado.

Los Seres que ya hemos partido precisamos de Seres como Tú, que abran amorosamente el Canal, para que volvamos a Re Encontrarnos.

Agradezco a todos los Seres Humanos que viven la muerte de esta manera. Porque preparan los Espacios, para que las Condiciones estén dadas.

Y así todo es mucho más simple para todos.

El Re Encuentro es motivo de júbilo y de Celebración. Esto lo tenían muy claro los nativos de algunas culturas, que celebraban este pasaje con cánticos y danzas, porque sabían que, en esencia, estábamos VOLVIENDO A CASA.

Sin embargo, algunas culturas aún no comprenden este pasaje, porque están encadenados en el Apego, y consideran que la muerte está "en contra" de la Vida.

Si supieran lo importante que es ayudar al Ser que elige partir.

¿Y cómo se le ayuda?

Con pensamientos dulces, palabras suaves, mucho Amor e irradiando Paz.

Esto va creando ese Puente que permite el ascenso de forma amorosa y armoniosa.

Imagina que el Ser sale de su Cuerpo Templo, y puede vernos desde otra perspectiva.

Capta claramente nuestros estados.

Si estamos sumidos en la tristeza será muy difícil para él o ella, elevarse.

Su Ser va a querer "consolar" a los que lo lloran, y esto, lo único que hace, es que no pueda elevarse hacia los planos sutiles y luminosos que quieren darle la bienvenida.

Cuando los que quedamos en el plano material, desapegamos y dejamos ir, más ayudamos al que parte en su elevación.

Este es el Mayor Acto de AMOR:

Soltar al Ser amado para que VUELE en LIBERTAD.”

“Qué mensaje!”– me dije.

Tan real... y no sólo aplicable para cuando un Ser partía a otros planos, sino también en el diario vivir.

Cuántas veces nos apegábamos, forzábamos, asfixiábamos y sobreprotegíamos a los seres amados.

Sin darnos cuenta que no los estábamos DEJANDO SER.

En pos del AMOR muchas veces éramos CONDICIONALES.

Por ello, el Nuevo Humano estaba emergiendo para sentir y vivir el **AMOR INCONDICIONAL.** Y, a través de estas Prácticas, gradualmente lo iríamos logrando.

SURFEANDO EN EL ÉTER

Llegaba el momento del próximo encuentro Celestial.

Que maravilloso era compartir con otros planos!

Sentirnos, a través de nuestra Esencia!

También era una manera de VIVIR la Eternidad.

En ese Estado Eterno, cada Quien estaba donde tenía que estar, cumpliendo su amorosa misión, fuera la que fuera.

La Fuente se encargaba de guiarnos.

Para ello, teníamos que sintonizarla a cada instante.

Y, a través de la Paz, ELLA nos conducía hacia cada Ser.

Era como estar de pie sobre una tabla de surf.

Si bien nuestras piernas estaban firmes, a su vez descansaban, confiadas, sobre ella.

Esa combinación de confianza y equilibrio, era la que

nos llevaba a estar conectados en todo momento.

Al no ofrecer resistencias al momento de ser guiados, se nos garantizaba el logro perfecto de toda experiencia ya que la veíamos con los Ojos de la Sabiduría y así entendíamos el Gran Para qué de todo lo que vivenciábamos.

CONFIANZA Y EQUILIBRIO

REVALORIZANDO EL AMOR

Y llegó el día 22 de Septiembre, día de Aniversario de nuestro casamiento. Hacía 13 años que Omar y yo nos habíamos re encontrado en esta vida, y 9 que habíamos decidido decir "Sí, Quiero!".

Ambos veníamos de dos experiencias previas, sumando 6 hijos en total. Omar con 2 hijos de cada matrimonio anterior, y yo con 2 hijos, cada uno con su padre correspondiente.

Nuestro lema era: "La tercera es la vencida!"

Al conocernos, las edades de nuestros hijos iban desde los 24 años de Ayelen a los 4 años de Eric.

En todos estos años compartidos, habíamos vivido muchísimas experiencias, muchas de ellas de Gran Aprendizaje.

En todo momento habíamos permanecido juntos, unidos y fortaleciéndonos el uno al otro.

Nuestra principal base siempre ha sido el Amor, el Respeto y la Conexión diaria con la Divina Fuente.

Desde el primer día, con total naturalidad, decidimos casi sin proponérnoslo, el hacer nuestros pedidos y agradecimientos a esa Divina Luz que todo lo impregnaba.

Se convirtió en algo sagrado el que todas las mañanas, luego de disfrutar de unos riquísimos mates en la cama, nos tomáramos de la mano y expresáramos, cada uno, su sentir más profundo.

Luego de cada agradecimiento y reflexión, hacíamos nuestra oración a Padre Madre Vida y luego las Declaraciones que afirmaban la presencia de milagros, sincronías y un anhelo amoroso de ser Canales para expandir todo lo que íbamos develando hacia todos los Seres Sintientes.

Hoy, comenzábamos a transitar nuestro noveno año del "Sí Quiero". Año para consumir todas esas memorias que ya no aportaban Dicha y Felicidad, y la Gran Oportunidad de "reacomodar todas las partículas" para el Mayor Bien de todos.

El proceso de Orden interior se estaba manifestando en lo externo.

Nuestro Hogar terreno, estaba siendo impregnado por nuevas frecuencias que emergían desde lo profundo.

Y ambos lo estábamos disfrutando y valorando, llevando nuestra Presencia a todo lo que hacíamos.

La risa se transformó en el puente para desvanecer toda "interferencia limitante", lo que llevó al RENACER del Amor de pareja, no sólo a través de la pasión amorosa, sino también a través de los abrazos, de las palabras dulces y del acompañarnos, **compartiendo la simpleza Grandeza de la Vida.**

Era bello llegar a nuestros 51 y 61 años, y volvernos a elegir.

Era bello caminar de la mano de un compañero, de una compañera.

Para nosotros era tan natural… si bien en nuestro Amado Reino, había dejado de serlo para muchos.

¿En dónde nos habíamos extraviado?

¿Qué había pasado entre hombres y mujeres?

¿Dónde se había cortado ese hilo amoroso que nos Común Unía en misiones Grandiosas?

Quizá este afán de “apuro constante”, corriendo detrás ¿de qué?

Esa prisa que no nos permitía darnos el Espacio para Reconocernos.

Esa distracción constante que nos alejaba de la Vida Verdadera, de los Sentires profundos.

Ya no contemplábamos las puestas de sol.

Era más atractivo mirar pantallas y dispositivos.

Nos habíamos sumergido en un mundo virtual, donde toda la comunicación pasaba por un móvil o un ordenador.

¿Qué había sucedido con los encuentros presenciales?

¿Recordábamos aún qué sentíamos cuando una mano suave acariciaba nuestra piel?

¿O cuando nuestra mirada se encontraba con esos ojos brillantes que nos invitaban al abrazo fraternal?

¿Qué había sucedido que ya no contemplábamos las olas rompiendo en la playa?

¿Que ya no nos maravillábamos con la Presencia del Arco Iris?

¿Dónde nos habíamos perdido?

¿Cuándo habíamos dejado de sentir?

Éramos Naturaleza VIVA y lo habíamos olvidado.

Dejábamos todo “para después”.

¿Es que pensábamos vivir cientos de años?

¿Y si la Vida expiraba?

Esta experiencia en la Materia era única en sí misma.

Podía haber muchas, mas serían bajo otra piel, en otro espacio tiempo y con otras condiciones.

Como ésta, sólo existía ésta.

¿Cuánto más íbamos a esperar a decir “TE AMO”?

¿A decir “GRACIAS POR SER PARTE DE MI VIDA?”

¿A darte la mano, acariciarte, fundirme en tu abrazo, sentir el aroma de una flor?

¿A contemplar el vuelo libre de las aves y a sentir la brisa suave en nuestro rostro?

¿Cuántos preciados momentos se escurrirían entre nuestras manos sin que nos diéramos cuenta?

¿Cuántas risas no expresadas?

¿Cuántas emociones escondidas?

¿Cuántas culpas sin sentido?

¿Cuánto tiempo alimentando lo que no era real?

Hoy, me permitía, a los 51 años, volver a creer en el Amor.

Me permitía darle a la Vida la OPORTUNIDAD de SER PARTE AMOROSA Y BENDITA DE ELLA.

La Vida era PARA SER VIVIDA, para SER SENTIDA, para SER VALORADA y para SER EXPANDIDA.

La Vida era COMPARTIR.

La Vida era AMAR.

Hoy, decidía que ASÍ ERA PARA MÍ.

Hoy anhelaba que ASI FUERA PARA TI.

Creía profundamente en el Poder del AMOR, y sabía que TÚ TAMBIÉN creías en Él.

Sólo el AMOR provocaría el MILAGRO.

El MILAGRO de que todos los Seres volviéramos a darnos la OPORTUNIDAD DE SENTIR.

Porque si nos dábamos esa oportunidad, SERÍAMOS QUIENES REALMENTE HABÍAMOS VENIDO A SER.

Y Nuestra Madre Naturaleza lo agradecería.

En AMOR TODO volvería a su EQUILIBRIO.

EL EQUILIBRIO PERFECTO DEL CUAL FORMÁBAMOS PARTE.

Brindo y celebro CONTIGO.

Sé que el AMOR SERÁ EL MILAGRO Y YA LO ES, ENTRE TU Y YO.

EL CORAZÓN DE PIEDRA

Y salimos a deleitarnos a las Orillas del Lago.

Un Corazón de Piedra nos aguardaba en el preciso lugar que elegimos para sentarnos.

Todos los Elementos Común Unidos nos arrullaban con sus sonidos.

Era como entrar en un trance, donde todo adquiría su VERDADERA importancia.

Si había algo que no era “real”, en la Naturaleza se disipaba en cuestión de segundos.

El contemplar la belleza, sintonizar con el ritmo de las olas o dejarte acariciar por la brisa, conectaba con ese Sentir profundo, con el Agradecimiento y con la PAZ.

Y una vez logrado el ESTADO, todo se veía desde otra Perspectiva, más elevada, sabia y omniabarcante.

Sabía que ese Corazón tenía algo para decirme.

Y así lo hizo:

"Cuando vibras en el AMOR, verás MANIFESTACIONES del mismo EN TODOS LOS REINOS.

Yo soy un mensaje que el Universo te envía para que sigas abriendo Caminos.

El AMOR está en TODO y EN TODOS.

Está latente, en lo profundo, aguardando que lo RECONOZCAMOS.

Nosotras, las señales, aparecemos para que ese RE ENCUENTRO se produzca.

Somos ACTIVADORAS de CONSCIENCIA.

Y llegamos DIRECTAMENTE al Corazón.

Cuando captas una señal en su total MAGNIFICENCIA, el Corazón se ABRE, se EXPANDE y AGRADECE.

Estas tres cualidades son importantísimas para CREAR UN CÍRCULO VIRTUOSO.

APERTURA, EXPANSIÓN y AGRADECIMIENTO.

Cuando cultivas estas tres cualidades AL UNÍSONO, te fundes en el estado de CONSCIENCIA PURA, desde la cual puedes CREAR en total sintonía con TODO LO QUE ES.

Puedes llevarme Contigo, donde quiera que tú vayas.

Soy portadora de AMOR, como todo en la NATURALEZA.

Podría decirse que al conectar Contigo, me transformo en una "puerta" para llegar a otros Reinos.

A veces los Humanos aún precisan de Seres concretos para CREER.

Mas ya está llegando el tiempo en el que captarán nuestras PRESENCIAS desde lo Intangible, porque estarán utilizando sus Sentidos Supra físicos con total NATURALIDAD.

Mientras esto va sucediendo, yo estaré Contigo!"

Qué bello era tener ALIADOS TAN ESPECIALES quienes nos ACOMPAÑABAN dondequiera que fuéramos.

Es que éramos una GRAN FAMILIA de SERES LUMINOSOS INTERCONECTADOS, PLASMADOS EN LA MATERIA "hecha **VISIBLE".**

Este Corazón de Piedra se convirtió en mi Gran Compañero en la Materia, además de mi Abuelito que aparecía cuando era preciso, en forma de AVE.

Comencé a sentirme expectante por qué vendría a continuación.

El espíritu de AVENTURA palpitaba en mi Corazón.

Estaba amigándome con la INCERTIDUMBRE porque comprendía que la INCERTIDUMBRE REALMENTE ERA **CONFIANZA PLENA EN LA FUENTE.**

El "miedo a lo desconocido" según la visión humana, se transformaba en CONFIANZA PLENA EN LA FUENTE, desde el SER DE LUZ QUE REALMENTE ÉRAMOS!

Según dónde nos "situábamos" la REALIDAD era totalmente DIFERENTE.

Éramos una LEGIÓN DE SERES COMÚN UNIDOS por una INTELIGENCIA AMOROSA quien sólo precisaba de NUESTRA CONFIANZA PLENA para ACTUAR EN, A TRAVÉS y ALREDEDOR NUESTRO.

Es que cuando CONFIÁBAMOS en esa FUENTE INAGOTABLE, ella se encargaba de ABSOLUTAMENTE TODO, y nosotros, ACOMPAÑÁBAMOS estando DISPONIBLES y ACCIONANDO en CONSECUENCIA.

Esto sucedía NO SÓLO CON EL REINO HUMANO, sino con TODOS LOS REINOS.

Porque todos, en **ESENCIA** éramos la MANIFESTACIÓN de esta INTELIGENCIA AMOROSA en cada partícula de nuestros Cuerpos.

Las formas cambiaban, más no eran lo REALMENTE IMPORTANTE.

En la BIODIVERSIDAD, LA ESENCIA ERA COMÚN A TODOS.

“Si estamos Común Unidos por la **INTELIGENCIA AMOROSA** y por el **AMOR INTELIGENTE**, podemos comunicarnos de SER a SER, más allá de nuestras apariencias”- dijo el bellísimo Corazón de Piedra.

“Y allí radica la Magia de la VIDA”- continuó.

“En TRASCENDER los aparentes límites, para SER con toda nuestra LUZ, al SERVICIO DEL BIEN MAYOR”.

“Somos las células de este Mega Organismo llamado Tierra.

La perfección se replica en todas las Criaturas”.

Cuánto por descubrir, desde esta Nueva Visión.

Desde la FUENTE todo adquiría BRILLO y BELLEZA.

Nuestra mirada se volvía TRANSPARENTE y podía reflejar destellos de Luz dondequiera se posara.

Es que nuestros órganos tenían una misión mucho más sublime que lo que nuestro Sistema de Creencias creía.

Nuestros ojos, estaban para IRRADIAR ALTÍSIMAS FRECUENCIAS DE LUZ, y estábamos DESPERTANDO a ello.

Eran, en **ESENCIA**, poderosos FAROS, que además de ILUMINAR TODO ALREDEDOR, tenían el DON DE DIRECCIONAR LAS PARTÍCULAS DESORDENADAS A SU ORDEN INHERENTE y NATURAL.

Teníamos que CULTIVAR el ARTE de mirar con AMOR, con DULZURA y con BONDAD.

Esa ENERGÍA maravillosamente EXQUISITA BENDECÍA y todo lo retornaba a su PRÍSTINO ORIGEN.

"Tienes que limpiar tu Vista"- me dijo el Corazón de Piedra.

"La mirada de los Humanos se ha ido DISTORSIONANDO con el paso del tiempo.

Sus ojos ya no brillan con la Luz de la Consciencia, más bien reflejan pesar, desazón y tensión.

¿Has probado de mirarte al Espejo?

Apuesto a que te sorprenderá la dureza de alguno de tus ojos.

Y eso que captas en el Espejo, lo capta todo aquel en Quien posas tu mirada.

Esa dureza ha de ser RESTAURADA.

Es la SUAVIDAD la que logra PENETRAR en lo PROFUNDO.

Intenta mirarte al Espejo, con SUAVIDAD.

Haz el intento.

Mírate con SUAVIDAD, con DULZURA y con AMOR.

Y estarás NUTRIENDO todas las PARTÍCULAS de tus CUERPOS, con el VERDADERO ALIMENTO.

Si bien el alimento físico es importante, el que REALMENTE VITALIZA es el que viene de lo INTANGIBLE.

Si adquieres la práctica de mirarte al Espejo con BONDAD, tus poros se abrirán y absorberán esta FRECUENCIA PURA.

Y esto BENEFICIARÁ a TODO TU ORGANISMO: a esa maravillosa COMUNIDAD de CÉLULAS – PARTÍCULAS que conforman tu VEHÍCULO.

Sabes lo importante que es tu VEHÍCULO para lograr AVANCES en este plano.

Cuanto más lo NUTRAS con el ALIMENTO ADECUADO, más PODRÁS CONTRIBUIR con FRECUENCIAS de CALIDAD a todo el CONJUNTO.

Y este EFECTO es MULTIPLICADOR.

Todas las PARTÍCULAS que se NUTRAN de esta FRECUENCIA PURA, replicarán y EXPANDIRÁN AL UNÍSONO, tocando a todas las MANIFESTACIONES de la NATURALEZA por IGUAL.

Estamos muy felices, de que el REINO HUMANO comience a HACER SU PARTE porque su LABOR es GRANDIOSA.

Si supieran TODO EL POTENCIAL que LLEVAN DENTRO, jamás volverían a pensar que son indignos o incapaces.

Nosotras los estamos ACOMPAÑANDO para que se vayan dando cuenta GRADUALMENTE.

El DESPERTAR de UNO BENDECIRÁ A MUCHOS y el EFECTO MULTIPLICADOR será CADA VEZ MAYOR.

Sabemos que LO LOGRARÁN.

Sólo que AHORA tienen que CONFIAR en sus CAPACIDADES como **MEGA SERES.**

Tienen que recordarse, MOMENTO a MOMENTO, que son MEGA SERES habitando este CUERPO TEMPLO MARAVILLOSO.

Y que pueden salir de ese Templo cuando quieran, e ir tan "lejos" como su Ser les dicte.

Les hablamos de esta manera para que entiendan.

El término "lejos" no existe en estos planos.

SIÉNTANSE VIAJEROS DEL TIEMPO.

Pueden ir y venir cuantas veces quieran y, para que el viaje sea PLACENTERO, tienen que tener su VEHÍCULO EN FORMA.

Tener un VEHÍCULO EN FORMA significa que ESTÉ VITAL y LUMINOSO.

Han de lograr una **CONGRUENCIA** entre su SER VERDADERO y su TEMPLO MATERIA.

Así la FUENTE podrá IRRADIARSE sin "interferencias" (muchas veces creadas por ustedes mismos).

Si hay "interferencias" dentro, las habrá FUERA.

Si hay "caos" dentro, lo habrá FUERA.

Para que la FUENTE LOGRE EXPRESARSE, con TODAS SUS VIRTUDES, A TRAVÉS de CADA UNO, sus CUERPO TEMPLOS han de estar NUTRIDOS CON

LOS MÁS EXCELSOS NUTRIENTES:

Amor, Dulzura, Bondad, Sol, Oxígeno, Agua y CONFIANZA.

Viene una LABOR IMPORTANTE.

Para que el LOGRO SEA PERMANENTE ustedes **tendrán que SOSTENER LA FRECUENCIA.**

Y esta no puede ser SOSTENIDA SI LOS VEHÍCULOS ESTÁN DÉBILES.

Nútranse a diario, y verán cómo la FUENTE los colmará de REGALOS.

Háganlo siempre con el AMOR más INCONDICIONAL que puedan SENTIR, y con la ENTREGA propia del Corazón que SABE que sólo lo MEJOR está por VENIR."

Sentí que lo mejor que podía HACER era VIVENCIAR todo lo RECIBIDO.

Así que me dispuse a ENTREGARME a esa FUENTE INAGOTABLE, de la CUAL FORMABA PARTE, y simplemente **DEJÉ QUE SUCEDA.**

ATRAVESANDO EL MIEDO

Y empecé a conectarme "cara a cara" con el MIEDO.

Él encontraba la manera de hacerse VISIBLE.

A través de algún malestar físico, desazón, angustia, nervios o sensación de "fracaso"...

Evidentemente estábamos haciendo las cosas bien, ya que se resistía a dejar el espacio que tanto tiempo había ocupado.

Y aquí lo nuevo fue que ante su presencia, CAMBIÓ la manera de ABORDARLO.

Antes él ganaba a la primera.

Ahora el SER se había EMPODERADO, y lo OBSERVABA, más allá de las sensaciones incómodas.

Además de OBSERVARLO, ELEGÍA SEGUIR ADELANTE.

Alguna vez había escuchado que la clave para disolver

el miedo era ATRAVESARLO.

Y en esas instancias estaba.

El hecho de "ponernos en acción" más allá de los "aparentes malestares" era lo que lograba REPOLARIZAR.

El MIEDO por mucho tiempo había tenido la función de DETENERNOS, FRENARNOS para que luego DEJÁRAMOS DE INTENTAR y finalmente ABANDONÁRAMOS.

El MIEDO era ese APEGO a lo conocido, que nos cerraba tantas puertas.

Ahora era momento de ir hacia lo "DESCONOCIDO".

Desconocido para nuestros Sentidos Físicos, pero **CONOCIDO PARA LOS SENTIDOS SUPRA FÍSICOS.**

Estábamos MUDANDO DE PIEL.

De Seres HUMANOS estábamos convirtiéndonos en SERES VERDADEROS.

Y, tanto el LENGUAJE como las FORMAS, cambiaban CONSIDERABLEMENTE.

Para un SER VERDADERO, no existía el NO como respuesta.

Me refiero al: NO puedo, NO tengo, NO soy capaz, NO llego con los tiempos, etc.

El SER VERDADERO había ya reemplazado el NO por el SÍ.

SÍ puedo, SÍ tengo, SÍ soy capaz, SÍ llego con los tiempos, etc.

Y ese SENTIR era GENUINO, porque provenía de la CONVICCIÓN de que éramos LA FUENTE MISMA, MANIFESTÁNDOSE AQUÍ EN LA TIERRA.

La Consciencia HUMANA estaba permitiendo que la CONSCIENCIA DIVINA tomara el mando.

En realidad **UNA incluía a la otra.**

Nuestra vieja forma de pensar siempre elegía una opción u otra.

En ella, el pensamiento INCLUSIVO aún no era una posibilidad.

Una VERDAD SUPERIOR, incluye a las inferiores.

Y, al incluirlas, LAS ELEVA hacia SU FRECUENCIA, BENEFICIANDO a TODO el CONJUNTO.

¡EL SER VERDADERO VA POR EL SÍ!

EL AIRE, DIVINO ELEMENTO

Y apareció el Elemento Aire, danzando feliz.

Y me dijo al oído:

"Cuando liberas al miedo eres REALMENTE LIBRE.

Puedes expandirte, puedes suspirar.

Dejas que tu Corazón se ensanche, y te sientes PLENA.

Liberando al Miedo, te ELIGES A TI MISMA.

Y cuando lo practicas una y otra vez, VAS FORTALECIENDO TUS ALAS.

Al principio tal vez no te des cuenta, sin embargo SUCEDE."

"El miedo fue ideado para que tomemos Consciencia de nuestras Alas.

Al estar comprimidos, algo dentro nuestro PUJA por SALIR A LA LUZ.

Como lo hace el bebé al momento de nacer.

Y cuando nos estiramos y "rompemos" ese cascarón, una NUEVA REALIDAD se hace VISIBLE ante nuestros OJOS.

Ante la Presencia PRÍSTINA de esta NUEVA REALIDAD, abrimos las ALAS y SIMPLEMENTE VOLAMOS!

El VOLAR es parte INHERENTE A NUESTRA ESENCIA.

SÓLO SUCEDE, cuando tenemos el CORAJE, de "romper ese cascarón" que nos comprime.

LA LIBERTAD de SER, EXIGE QUE HAGAMOS UN IMPULSO EXTRA.

Y ese IMPULSO NACE desde DENTRO."

"Qué bellas palabras!"- le dije al Aire.

Y éste prosiguió:

"Amo sustentar el vuelo de cada Ser.

Mi Misión es crear las Condiciones para que el VUELO sea PLACENTERO.

También estoy vinculado a la CONFIANZA".

"La Confianza?"- me dije en voz alta.

"Sí!"- respondió.

"Sólo Quien CONFÍA está dispuesto a ABRIR SUS ALAS y dar el PRIMER SALTO.

Yo estoy allí, SUSTENTANDO, IMPULSANDO y DIRECCIONANDO.

Cada Elemento en la NATURALEZA tiene su Sagrada y Sabia Misión.

Nada sucede porque sí.

Cada Elemento ha acordado SER PARTE IMPORTANTÍSIMA en el DESARROLLO y EXPANSIÓN de la VIDA.

Sabemos muy bien, cuando es preciso EQUILIBRAR.

No somos ANTAGÓNICOS, somos COMPLEMENTARIOS.

Somos CINCO.

Y entre todos conformamos una Especie de ESTRELLA, a través de la cual la ENERGÍA CIRCULA LIBREMENTE.

El único que puede interferir en esa CIRCULACIÓN, es el ser humano que piensa y reacciona sin AMOR.

Y esto sucede por del DESCONOCIMIENTO acerca DE LA ESENCIA DE TODAS LAS COSAS.

El Ser Humano conoce la SUPERFICIE, y cree con ello que todo lo sabe.

Cuando PROFUNDIZA, COMPRENDE.

Y con la COMPRENSIÓN llegan las ELECCIONES CONSCIENTES, QUE ARMONIZAN CON EL EQUILIBRIO NATURAL.

Mi misión es LIBERAR a los Seres de las Cadenas Mentales que día a día van construyendo.

Por eso a veces soplo con fuerza, para que el Cuerpo Mental del Planeta, se desprograme, paulatinamente.

Muchos humanos se enojan con mi Presencia.

Es que quieren aferrarse a sus ideas recurrentes, y reaccionan contra mí.

Yo sólo quiero el BIEN MAYOR para TODOS.

Y esto sólo se comprende cuando es el SER VERDADERO Quien Comanda.

Estoy AQUÍ, SIEMPRE.

Aquellos que AMAN la LIBERTAD, me AMAN".

Quedé por unos instantes pensativa.

Recordé a mi Abuelito, que ya tenía sus Alas fuertes y potentes, y se había transformado en mi Guía (y tal vez el de varios).

Y como ya la Telepatía era nuestra forma de comunicarnos, se hizo Presente:

"Si quieres experimentar con tus Alas, prueba cuando sueñas, o cuando meditas.

En la IMAGINACIÓN TODO ES POSIBLE.

Verás que lindo es ver todo desde otra PERSEPECTIVA.

Esto te ayudará cada vez que tengas que resolver una situación.

LAS SOLUCIONES LLEGAN DESDE LOS ESTADIOS MÁS ELEVADOS.

Si practicas LA VISIÓN ELEVADA, **HALLARÁS SIEMPRE SOLUCIONES MUY CREATIVAS."**

2° PORTAL: INSTRUMENTOS

PREPARANDO EL CANAL

“Quiero Volar!”- le dije a mi Abuelito.

“Si así lo quieres prepárate.

Tengo algo que enseñarte.”

Sentí una especie de adrenalina, recorriendo todo mi cuerpo.

“¿Hacia dónde iremos?”- le pregunté.

“A los POLOS.”- contestó.

Una sonrisa se dibujó en mi rostro y en mi Corazón.

Volvíamos a la AVENTURA!

Sentía que estaba preparando mis alas.

Eran imaginarias, más como todo, **cuando imaginas y le insuflas vida a esa Creación, ésta se torna VISIBLE en el plano físico.**

Gradualmente iba despertando mis Sentidos Supra físicos.

La Visión Elevada era una de ellos.

"Tienes que estar atenta a cada pluma de tus alas.

Día a día hacer una "revisión" para ver en qué estado se encuentran.

Si alguna precisa ser reparada, hazlo **al momento** que lo notes.

Todas las plumas han de estar SINCRONIZADAS, para que el vuelo sea PERFECTO."

Fui recorriendo con mucha **Atención e Intención** cada pluma.

Y, a medida que lo hacía, AGRADECÍA y VALORABA la labor de cada una.

Qué importantes eran **cada una en sí misma.**

Me sentía feliz, ante la inminencia de este Primer Vuelo.

"Se te concede el Don de Volar, cuando ya puedes AUTOSUSTENTARTE".

"Tienes que ir ATENTA, ya que el Hermano Viento tiene mucho que contarte.

Él nos regala corrientes cálidas, que nos llevan en espiral hacia las alturas.

Cuanto más confíes y estires tus Alas, más alto llegarás.

Podrás recorrer grandes distancias, SOSTENIDA por el Viento.

Él quiere que llegues lejos con tu Vuelo, y creará todas las condiciones para que sea con ÉXITO."

Me maravillé. Siempre había amado especialmente al Viento. Era un Gran Aliado.

"El Viento RENUEVA EL AIRE.

Permite que el polen de las flores se expanda.

Y es el camino de las aves migratorias.

Acaricia el agua, para formar las olas.

Y con su brisa nos despeja de pensamientos limitantes.

El Hermano Viento se relaciona con el MOVIMIENTO, con la DINÁMICA, con la RECREACIÓN y con la RENOVACIÓN.

A su vez, desde el ÉTER, tiene el Don de DESPROGRAMAR.

En forma de remolinos, va llevando las partículas a su ORIGEN.

A veces, su labor constante no alcanza.

Por ello está tan interesado en que los Nuevos Seres Humanos, COMPRENDAN y COLABOREN, en esta Gran DESENGRAMACIÓN COLECTIVA.

¿Alguna vez sentiste que tu cuerpo giraba en sentido anti-horario y en espiral?

Esto sucede cuando estás DESPROGRAMANDO un AMBIENTE.

También es el PRELUDIO para CANALIZAR.

Siempre antes de recibir un MENSAJE de DIMENSIONES MÁS ELEVADAS, has primero de DESENGRAMAR.

Porque de esta manera, LIMPIAS EL CANAL, y lo LIBERAS de cualquier posible interferencia.

Con ello te aseguras, que el MENSAJE será PRÍSTINO, conservando **LA ESENCIA** que lo REPRESENTA."

Quedé resonando con las palabras DESENGRAMAR y DESPROGRAMAR.

La liberación de todo tipo de toxinas (fuera del cuerpo que fuera) era IMPRESCINDIBLE, para lograr una CONEXIÓN LUMINOSA.

"Una manera de LIMPIAR EL CANAL es con la RESPIRACIÓN CONSCIENTE y PROFUNDA.

De esa manera, vas ALINEANDO y SINTONIZANDO.

Al HABITAR con la PRESENCIA tu CUERPO TEMPLO, más ALCANCE TENDRÁN TUS INTENCIONES PLANETARIAS.

Recuerda que TODO NACE EN LO PEQUEÑO y se MANIFIESTA EN LO GRANDE.

Hasta el suave batir de las alas de la mariposa, tiene un Mega Alcance en la TOTALIDAD.

Por ello, cuidemos del "batir" de nuestros pensamientos.

Aunque a veces parecen imperceptibles e inofensivos, ellos también dejan su impronta en el éter planetario.

Si hemos de ser responsables, hemos de comenzar con esos "pensamientos aparentemente inofensivos" que, sumados, crean verdaderas tempestades!

Imagina el COLECTIVO de la HUMANIDAD.

¿Cómo afectarían a la TOTALIDAD, la suma de miles de millones de "pensamientos inofensivos"?

Entonces, el primer paso es **estar ATENTOS a nuestras**

PROPIAS CREACIONES.

Si estamos PRESENTES, es mucho más fácil, ya que podemos ser Conscientes del INICIO de ese "batir de alas" y rápidamente RECONDUCIRLO de manera CONSTRUCTIVA.

¿Cómo nos damos cuenta de que estamos RECONDUCIENDO de manera CONSTRUCTIVA?

Por la PAZ QUE SENTIMOS, EN NUESTRO CORAZÓN.

BATIENDO LAS ALAS

"¿Estas lista?"- me dijo el Abuelito.

Giré y lo vi, con sus Alas desplegadas.

Y ahí tomé nota de que yo también las tenía!

Eran Doradas, y sus plumas brillaban.

Qué linda Sensación!

"Bátelas con fuerza" – me dijo.

"El primer impulso es el que más Potencia lleva."

Así lo hice! Con Determinación, concentración y ALEGRÍA.

"Eso es!"- dijo el Abuelito.

"La ALEGRÍA SIEMPRE HA DE ESTAR PRESENTE!

Es el COMBUSTIBLE para DISFRUTAR del VUELO!"

Fue movilizador cuando mi Ser se elevó del suelo.

CONFIAR EN LAS ALAS era CONFIAR EN MÍ!

Logré una cierta SINCRONÍA al moverlas.

Realmente se requería de mucha PRESENCIA, ya que cualquier DISTRACCIÓN podía malograr lo logrado hasta el momento.

A medida que movía las alas, éstas adquirían ritmo y cada vez era más fácil elevarse.

Sentía la caricia del Viento, que IMPULSABA y ACOMPAÑABA.

Cuando confié lo suficiente, ellas adquirieron un RITMO PERFECTO.

Y al ellas estar SINTONIZADAS, pude DISFRUTAR y ver MÁS ALLÁ.

Recién allí divisé a mi abuelito, que estaba a mayor altura.

El ya DOMINABA el ARTE del VUELO.

Qué Guía MAGNÍFICO tenía!

Agradecí profundamente desde mi Corazón.

"Ahora estate ATENTA a las corrientes de aire.

Percibe, NEUTRAL.

Cuando ellas te INVITEN, SITÚATE y PERMÍTELES QUE TE LLEVEN.

Como si fueras en una barca por un río.

DÉJATE FLUIR.

Además de confiar en tus ALAS, has de confiar también en el AIRE.

Me aflojé.

Recorrí con mi Atención todo mi cuerpo y dejé ir toda tensión.

Sabía que cuanto más liviana y relajada estuviera, lo- graría

SER UNA CON EL AIRE.

"Esta experiencia es CLAVE para todo lo que viene"- me susurró el Abuelito.

"Si confías en el AIRE, confiarás en la FUENTE".

Suspiré y entrecerré los ojos, para disfrutar de la PLENITUD que esta VIVENCIA me aportaba.

Cuando te fusionabas con esa Gran Masa de Aire, Ella se encargaba de los detalles.

"El Humano ha de encargarse del IMPULSO ORIGINAL.

Tener la FE y el CORAJE suficientes, para DARLE IMPULSO A SUS ALAS.

Una vez logre DESPEGARSE del suelo, es la Masa de Aire Quien adquiere el PROTAGONISMO.

En la SINCRONÍA, la CONFIANZA y el DISFRUTE,

se realiza el MEJOR DE LOS VUELOS."

EXPANDIENDO LOS SENTIDOS

Tenía la sensación de que estaba siendo entrenada.

Quería APRENDER.

"Si quieres ser Guía, has de conocer muy bien el

ARTE del VUELO.

Hay Gran Destreza en el VOLAR.

No es un acto FORTUITO."

"AHORA SÍ! Vamos hacia LOS POLOS!"- me dijo el Abuelito.

"Como ya sabes, la DISTANCIA es sólo una PERCEPCIÓN DE LA MENTE.

Con lo que acabas de APRENDER, estira tus ALAS y La Gran Masa de AIRE hará el resto."

Me sumí en ese Estado de CONFIANZA PLENA, y me dejé llevar, mientras era CONSCIENTE de CADA INSTANTE.

Perdí la noción del TIEMPO LINEAL.

Mi CONSCIENCIA era cada vez MÁS AMPLIA.

LA MIRADA se tornó PERIFÉRICA, veía hacia los lados sin tener que rotar la cabeza. Era maravilloso!

Los ojos se habían EXPANDIDO, y abarcaban un amplio espectro.

Me sentía más DESPIERTA que nunca.

"Tu Consciencia Divina se está DESPERTANDO"- me dijo una voz dulce que parecía provenir del Cielo.

"Se están EXPANDIENDO tus SENTIDOS".

"Cuando tu mirada es OMNIABARCANTE, eres CONSCIENTE de TODO LO QUE ES".

"La DISTORSIÓN desaparece, ya que la CONSCIENCIA PERCIBE LA LUZ QUE ESTÁ MÁS ALLÁ DE LAS FORMAS".

"Las ALTURAS están OXIGENADAS.

Aquí ESTÁN DADAS LAS CONDICIONES PARA CAPTAR LA LUZ PRÍSTINA".

Sentía que yo era REALMENTE ESA CONSCIENCIA.

Y que esa CONSCIENCIA se expandía MÁS ALLÁ DE MI CUERPO.

"Así ES!"- dijo la Dulce Voz.

"Somos CONSCIENCIA PURA expresándonos a través

del CUERPO HECHO MATERIA".

"¿Somos?"- le pregunté

"Sí!"- me respondió.

"Aun siendo SUTILES nos expresamos a través de la MATERIA.

Sólo que ésta es prácticamente IMPERCEPTIBLE para el Ojo Humano.

De todas maneras, muchos Humanos están DESPERTANDO la CONSCIENCIA que tú estás EXPERIMENTANDO AHORA, y nos verán.

Hemos ELEGIDO que ASÍ SEA.

Hemos ACORDADO que cuando el Humano EXPANDA SUS SENTIDOS, NOS HAREMOS VISIBLES ANTE ÉL.

Estamos todo el tiempo ACOMPAÑÁNDOLOS, porque somos una GRAN FAMILIA de LUZ, más allá de nuestros ROPAJES.

Estamos muy cerca de COMUNICARNOS naturalmente, como lo era en el INICIO de los TIEMPOS.

Todo VUELVE A COMENZAR.

Por ello ÉSTA ES LA OPORTUNIDAD.

TODOS LOS REINOS LA ESTÁN TOMANDO.

Y SABEMOS, desde lo PROFUNDO, QUE EL SER HUMANO TAMBIÉN LA TOMARÁ.

TRASCENDERÁ su MIEDO, y CONFIARÁ.

Como lo has hecho TÚ.

ESTAMOS PRESENTES, EN TODO MOMENTO."

Al escuchar esas Palabras, sabía que iba hacia un encuentro Muy Especial.

Sentí mucha Reverencia, y una Paz Infinita.

Volando, en lo Alto, estaba mi Abuelito.

Su rostro era Sereno y su sonrisa espejaba su Alma.

Estiré aún más mis Alas y pude sentir el rozar de ellas con el Aire.

CONFIÉ, CONFIÉ como nunca antes…

Y comenzó el Ascenso, para situarnos en esa Corriente Cálida, que nos llevaría directamente hacia el lugar que nos aguardaba.

Mi Corazón comenzó a palpitar con Fuerza.

Iba a un Encuentro por EONES programado.

A medida que avanzábamos, el aire se tornó más fresco.

Íbamos ingresando en Espacios más Sutiles, más Conscientes y más Amorosos.

ENCUENTROS

Llegamos al Polo Norte.

Había una Puerta de Entrada.

Un Universo maravilloso estaba tras de esa Puerta.

El Abuelito me miró, con tanto Amor, que mis Ojos se llenaron de lágrimas.

"Te esperaré aquí"- me dijo.

"Siempre Contigo, sólo que éste es Tu momento".

Me emocioné.

Quería ingresar.

CONFIABA PLENAMENTE.

Y así lo hice…

Cerré los ojos, y me deslicé a través de una especie de Túnel.

Y recordé.

Recordé ese Instante cuando nacía a la vida Física.

El mismo Túnel.

Sólo que ahora volvía a las Entrañas de la Tierra.

Volvía al cobijo materno.

Estaba en el Útero de la Madre Tierra.

Antorchas encendidas en sus cavidades, impregnaban todo de Sabiduría.

Libros de Oro, portaban Verdaderos Tesoros.

En el ELEMENTO TIERRA estaban guardados los TESOROS VERDADEROS.

Y sólo llegarían a Ellos, Quienes estuvieran REALMENTE COMPROMETIDOS.

Sentía una Dicha sin igual.

Esos Seres, que todo lo impregnaban con su PRESENCIA, estaban muy cerca.

LOS AMABA TANTO!

Me acerqué a uno de los bancos de Piedra, y me senté.

Y recordé un Encuentro en estado Meditativo, con un ser Andrógino, de larga cabellera y túnica blanca.

Ese Ser me había guiado a ese Preciso Lugar, y había abierto un libro de Oro, para mí.

Sus páginas de Luz me habían sido incomprensibles en ese momento. De manera que Él había tomado el libro entre sus manos y lo había leído para mí.

Hoy comprendía que Él me estaba anticipando que pronto lo vería en Presencia Física en este Sagrado Lugar.

Que mi Historia estaba escrita, y que este Encuentro había sido Acordado desde la Eternidad.

Agradecí profundamente, mientras mi pecho se liberaba de tanta Emoción contenida.

Mi Ser había anhelado este Encuentro tantas veces!

Y hoy tenía la Oportunidad, porque había entrenado mis Alas y me había COMPROMETIDO.

Y sabía que esta misma Oportunidad estaba siendo tomada por Ti, en este preciso INSTANTE SANTO.

Como UNIDAD que éramos, lo que se REVELABA a UNO DESPERTABA EN TODOS.

"Toma un LIBRO"- me dijo el Ser Andrógino.

"Lo que leas en sus páginas es lo que has de transmitir a todos los Seres que Vibran con tu Sentir".

"Estáis conformando una FAMILIA de **SERES ESENCIALES,** que ya saben a qué han venido y su PARA QUÉ en este plano".

"Lee con CONFIANZA, ahora podrás hacerlo".

Y así lo hice.

Puse el Libro en mi Corazón, y sintonicé Contigo...

Sintonicé con la Madre Naturaleza.

Y abrí.

Destellos luminosos, penetraron en mis Ojos...

Y leí:

"Los Seres del Mar, son sus Aliados.

En las Profundidades, está la VERDAD.

Conectad con ballenas y delfines.

Conectad con su Presencia.

Ellos son los Puentes que os llevarán a estados de Dicha sin igual.

Ellos son Maestros Divinos, que se han ofrecido para que Nuestro Mega Hogar retorne a sus Frecuencias Prístinas Originales.

Son Seres tan bondadosos, que abren los Corazones.

Y en ese accionar, SANAN, BENDICEN y RESTAURAN.

Cuan más cerca estén de ellos, más rápido será el proceso.

Aprended de su Capacidad de ir hacia lo PROFUNDO.

De observar CON LOS OJOS DEL AMOR.

Aprended de su INCONDICIONALIDAD.

Esto hará que la HUMANIDAD TODA ACTIVE SU CHAKRA CORAZÓN y se abra al AMOR INCONDICIONAL.

Cuanto más escuchéis sus sonidos, más comprenderéis su LENGUAJE.

Ellos transmiten TELEPÁTICAMENTE, más para ello, los CANALES han de ESTAR LIMPIOS.

Comiencen al Principio, por escuchar el sonido del mar.

El mar tiene el Don de llevarnos a la ENSOÑACIÓN, a ese ESPACIO donde podemos CREAR CONSCIENTEMENTE.

Estáis capacitados para hacerlo.

Los HERMANOS CETÁCEOS YA LO CELEBRAN".

Era Verdad. Mientras leía había sentido sus Presencias.

La conexión telepática estaba a su máximo nivel.

Quedé atesorando estas palabras mientras apoyaba al Libro en el centro de mi Corazón.

Ese contacto hizo que mi Corazón se abriera, y, en un instante, el LIBRO ESTABA DENTRO.

“Llévalo CONTIGO”- me dijo el Amado Ser.

“Se lo entregarás a muchísimos Seres, que al igual que Tú, AMAN este HOGAR.

Sabrás a Quien.

Ellos vendrán a Ti.

Y, juntos, cambiaréis el RUMBO de la HUMANIDAD.

ESTABA ESCRITO, y ÉSTE **ES** EL TIEMPO”.

Me sentí Honrada y en Infinita PAZ.

Estábamos CREANDO LAS CONDICIONES para que el CIELO fuera en la TIERRA.

SORPRESA

"Ven"- me dijo Aquel Ser.

"¿Te animas a subir por esta escalera de piedra?"

"Claro!" - asentí

Así lo hicimos...

A medida que nos acercábamos mi Consciencia comenzó a expandirse.

Me sentía parte de algo más Grande, que era INFINITO.

En ese Espacio Tiempo todo era PAZ.

Sentía que podía confiar PLENAMENTE.

Ya no existía preocupación de ningún tipo.

Era estar "más allá"...

El pensamiento había dado cabida a La TOTALIDAD.

AL CIELO MISMO...

"Es que así ES!"- me dijo Quien me acompañaba.

"De aquí venimos"- continuó.

AQUÍ todo es PLÁCIDO y OMNIABARCANTE.

AQUÍ DESCANSAS... EN LA PAZ DE DIOS."

Vi TODO con NUEVOS OJOS...

Comencé a emocionarme.

Sentía TAN CERCA a Seres que había amado tanto y ya no estaban en este plano...

Y el Ser me dijo:

"Ve hacia donde te lleve la Luz".

Así lo hice.

Me dejé ATRAER.

Me dejé SORPRENDER.

IBA al Encuentro de mi Abuelita Materna.

La AMABA TANTO... Su nombre era CELINA, y había partido cuando mi madre tenía 13 años.

Sabía que era un Ser muy especial.

Mi Alma la reconocía a través de tantos Caminos Recorridos.

Era una ALIADA, con todas las Letras.

¿Y Quien me había traído hacia ELLA? Mi Abuelito...

Las lágrimas brotaron de mi Corazón.

Sabía que con estas lágrimas, estaba liberando a todo el Linaje FEMENINO.

"Todo lo que AQUÍ VIVAS es PARA TODOS!"- me dijo el

Amado Ser.

"Has venido como REPRESENTANTE de la HUMANIDAD.

Lo que LIBERES en Ti, a la HUMANIDAD LIBERARÁS.

Lo que RESTAURES en Ti, a TODOS RESTAURARÁ.

Y las puertas que abras para Ti, para TODOS las ABRIRÁS."

"Las lágrimas que se vierten desde el Profundo Amor, LIBERAN GENERACIONES."

Sentí el sonido del piano, acompañando estas palabras.

Amaba el piano, desde muy pequeña. ¿Habría una conexión entre el piano y mi abuelita?

"El piano fue diseñado para ELEVAR tu CONSCIENCIA.

Y para llegar PROFUNDO a tu CORAZÓN.

La música es DIVINA.

Conecta con las Esferas.

Es un Viaje a través del Tiempo.

Gracias a la música, nos RE ENCONTRAMOS con todos los Seres Amados.

Ella se vuelve el CAMINO.

Cada vez que quieras Transmitir una Gran VERDAD, que la música sea TU COMPAÑERA.

La música te INSPIRA, y hace HABLAR a tu SER.

Es la EXPRESIÓN MÁS GENUINA DEL AMOR.

Y, Quien transmite a través de **su música**, está DESTI-

NADO a BENDECIR ALMAS."

"Qué maravilla!" – me dije a mí misma.

Realmente la música era mi COMPAÑERA INSEPARABLE.

Y en mis momentos de MAYOR INSPIRACIÓN, ELLA SIEMPRE ESTABA PRESENTE.

"La música también se EXPRESA en la NATURALEZA.

TODOS sus SONIDOS tienen UN PROPÓSITO.

Fueron CREADOS con la MÁS EXCELSA INTENCIÓN para que ELEVARAN LA CONSCIENCIA de todo Aquel QUE LOS SINTIERA PROFUNDAMENTE.

Si captas ATENTAMENTE lo que te SUSURRAN, TODO LO ENTENDERÁS.

TODO EL CONOCIMIENTO está en ELLA".

Porque cada Sonido de la MADRE TIERRA te lleva a tu ESENCIA.

Para que no OLVIDES.

Para que RECUERDES CONSTANTEMENTE TU **PARA QUE** AQUÍ en la Tierra.

Es por ello que la ESENCIA INDIA está SURGIENDO en este Tiempo de la Historia.

El Ser INDIO era UNO CON LA MADRE NATURALEZA.

HABLABA SU LENGUAJE.

Conectaba telepática y amorosamente con los HERMANOS ANIMALES.

Y se acercaba a ellos con REVERENCIA y RESPETO.

El Ser INDIO leía el Lenguaje de las ESTRELLAS.

Sabía de dónde venía y hacia dónde iba.

El Ser INDIO agradecía al SOL, por ser FUENTE DE VIDA.

A la LLUVIA por LIBERAR CONSTRUCTIVAMENTE nuestras EMOCIONES.

Al HERMANO VIENTO, por COMUNICAR EL ESPÍRITU.

A la MADRE TIERRA por COBIJARNOS y PROVEERNOS de ABSOLUTAMENTE TODO.

El Ser INDIO, SABÍA DEL PODER CURATIVO DE LAS PLANTAS.

El Ser INDIO veía más allá.

Como lo estas aprendiendo a hacer Tú.

El SER INDIO CORRE POR TUS VENAS.

Y hoy quiero revelarte algo.

TU ABUELITO TIENE RAÍCES INDIAS.

Tu ABUELITA, EUROPEAS.

Tienes en tu LINAJE, la UNIÓN de AMBAS SANGRES.

VIENES A HERMANAR LOS PUEBLOS.

ERES EL PUENTE.

Dice LA PROFECÍA que llegaría el TIEMPO en que nos RECONOCERÍAMOS COMO HERMANOS, más allá de nuestros ropajes, creencias y continentes.

Y ese DÍA, cada Quien OCUPARÍA su LUGAR, con AMOR y VALENTÍA.

Tú y los Amados LECTORES ya lo saben.

Por eso ESTÁN AQUÍ.

EN EL FUEGO DE SUS MIRADAS y EL AMOR DE SUS CORAZÓNES LOGRARÁN LA LIBERTAD, EN LA UNIDAD.

Y si bien, ESTE CONOCIMIENTO puede generar alguna que otra reacción, SEPAN EN LO PROFUNDO QUE TODOS LOS SERES DE LA NATURALEZA ESTAMOS CON USTEDES.

Ahora VE, y disfruta de tu ABUELITA.

RESTAURA EL VÍNCULO.

AGRADECE.

ABRAZA.

PERDONA.

LIBERA.

Y pregúntale qué mensaje tiene ELLA para TI HOY.

DISFRUTA DE ESTE PASO".

"Es el amanecer DEL NUEVO SOL"- me dijo ella, radiante de Luz.

"Todo lo que es ILUSIÓN se DESVANECERÁ.

Todas las CREACIONES HUMANAS sin SENTIDO, se DISIPARÁN.

La LUZ DE LA CONSCIENCIA a TODOS LLEGARÁ.

El FUEGO será el ELEMENTO.

ÉI CONSUMIRÁ TODAS LAS MEMORIAS y de ello SÓLO

QUEDARÁ LA LUZ DE ESTE NUEVO AMANECER.

ES INMINENTE.

Y YA lo CELEBRAMOS en nuestros CORAZONES".

"¿Qué ocurre con los Seres que ya partieron?" – le pregunté.

"Como ves, algunos decidimos seguir Acompañando a la Humanidad bajo una Nueva Forma.

En las Entrañas de la Tierra hay CENTROS DE LUZ donde Seres Afines SINTONIZAMOS con Aquellos que QUIERAN ESCUCHAR.

Nos reunimos para MANTENER ENCENDIDA la LLAMA.

Y es ELLA QUIEN LOS ATRAE.

Esa LLAMA ESTÁ EN TU CORAZÓN.

Esa LLAMA está en el CORAZÓN de todos los SERES.

En esa LLAMA está TODO EL CONOCIMIENTO.

Allí RESIDEN TODOS LOS DONES.

En ELLA está la SIMIENTE del NUEVO SER HUMANO.

LA SIMIENTE DEL SER VERDADERO.

Y si bien la LLAMA ESTÁ EN TODOS, muchos siquiera la VISLUMBRAN.

SÓLO SE ACCEDE A ELLA DANDO LOS PASOS.

Mientras sigan mirando FUERA,

No se ILUMINARÁN POR DENTRO.

TOMEN EL COMPROMISO DE ILUMINAR TODAS SUS ZONAS "OSCURAS", Y ESA LLAMA SE ENCENDERÁ.

Una vez ENCENDIDA, NOS ATRAEREMOS MUTUAMENTE.

Y JUNTOS, AMPLIFICAREMOS SU POTENCIA, CLARIDAD y ALCANCE".

"¿Cómo podemos hacer para comenzar a iluminar esas "zonas oscuras?"- le pregunté.

"IMAGINA que ENCIENDES UNA ANTORCHA.

Y vas con ELLA llevando LUZ a cada RINCONCITO de tu cuerpo.

IMAGINA: la IMAGINACIÓN es una LLAVE PODEROSA.

IMAGINA que caminas por el INTERIOR DE TU CUERPO con esa ANTORCHA.

SIMPLEMENTE, lleva LUZ.

Siente que TÚ TIENES EL PODER.

PORQUE ERES TÚ QUIEN COMANDA.

La "oscuridad" adquiere PROTAGONISMO, cuando la NUTRES.

Si la ILUMINAS, DESAPARECE".

"¿Sabes qué es la Oscuridad"?- me preguntó la Abuelita.

"ES FALTA DE CONOCIMIENTO.

Cuando te CONOZCAS, te ILUMINARÁS."

"¿Cómo llego a CONOCERME?"- le pregunté.

"ILUMINANDO DE CONSCIENCIA TODOS TUS CUERPOS.

PARA ELLO PRECISAS:

IMAGINACIÓN

DIVERSIÓN

CONFIANZA

VALENTÍA

COMPROMISO

Y AMOR INFINITO A LA LIBERTAD DEL SER".

Quedé repasando CADA PALABRA.

"Si quieres podemos PROFUNDIZAR EN CADA UNA"- me dijo.

"Sí, QUIERO! "– contesté risueña.

Lo que en un pasado me hubiera causado temor y desconfianza, se abría ante mí como la OPORTUNIDAD de SER QUIEN HABÍA VENIDO A SER.

No era CASUAL que Tú y Yo hubiéramos COINCIDIDO en estas líneas.

En esta EXPERIENCIA SUPRAFÍSICA.

Todo lo que venía a continuación, era para AMBOS.

PARA TODOS.

Para la HUMANIDAD.

ENSEÑANZA

"Comenzaremos con la IMAGINACIÓN"- me dijo.

"La VERDADERA LIBERTAD reside en ELLA.

Es la que nos CONECTA con todos los MUNDOS, con todos los PLANOS, con todos los SERES.

En ELLA TODO ES POSIBLE.

JUSTAMENTE porque es la PUERTA DE ACCESO a la INFINIDAD DE POSIBILIDADES QUE YA ESTÁN DISPONIBLES PARA TI.

Cuando hablamos de las Alas del Cóndor, hablamos de las ALAS DE LA IMAGINACIÓN.

Si observas al Cóndor en su Vuelo, él se eleva a las Alturas de forma ESPIRALADA, en SENTIDO ANTI HORARIO.

Tú crees que ello es por "CASUALIDAD"?

Lo que hace el Cóndor en su VUELO, es DESPRO-

GRAMAR todo aquello que no es REAL.

Y cuando tú ELIGES te COMANDE la IMAGINACIÓN, la MENTE CONDICIONADA YA NO PODRÁ ALCANZARTE.

La IMAGINACIÓN ES ILIMITADA.

Se encuentra en el PLANO que tú estás VISITANDO en este INSTANTE.

Con la IMAGINACIÓN, puedes RESPIRAR DEBAJO DEL AGUA; puedes TRASPASAR LAS PAREDES; PUEDES VOLAR, PUEDES VIAJAR EN EL TIEMPO Y EL ESPACIO.

Con la IMAGINACIÓN puedes CREAR.

Con la IMAGINACIÓN puedes llegar a lugares INACCESIBLES para el Cuerpo Material.

Con la IMAGINACIÓN puedes DECODIFICAR.

Con la IMAGINACIÓN puedes HACER TU UNIVERSO REALIDAD!"

"La IMAGINACIÓN es el VEHÍCULO para ESTAR DONDE QUIERES ESTAR.

La IMAGINACIÓN te ANTICIPA en el "FUTURO".

La IMAGINACIÓN RESTAURA el "PASADO".

La IMAGINACIÓN es el PUENTE entre tu YO TERRENAL y tu YO VERDADERO.

LA IMAGINACIÓN ES <u>TU PRIMER INSTRUMENTO</u>"

Con sólo escuchar "instrumento", pensé en el piano.

“Mira como ya estás usando tu IMAGINACIÓN” – me dijo la Abuelita.

“Si ayuda a tu conexión hacer una relación con los instrumentos físicos, hazlo! Todo SUMA en este PROCESO.

Así que, en mi interno hice esta ASOCIACIÓN:

PIANO = IMAGINACIÓN

Y allí COMPRENDÍ.

De muy pequeña sentí decir a mis padres que quería aprender a tocar el piano. En principio, nadie de la familia había tocado ese instrumento.

De todas maneras lo respetaron, y a los 5 años comencé el contacto con las teclas.

Por 11 años me dediqué a su “estudio”.

Y hoy comprendía que SINTONIZAR con el PIANO, había sido SINTONIZAR con LAS ALAS de la IMAGINACIÓN.

Con el SENTIR más PROFUNDO.

Con la COMUNICACIÓN sin PALABRAS.

Con el SER UNA EXPRESIÓN de ese LENGUAJE INTANGIBLE y, a la vez, TAN VERDADERO.

Agradecí.

De niños TRAÍAMOS TODO. Y, si teníamos la BENDICIÓN de contar con PADRES AMPLIOS y COMPRENSIVOS, ellos NOS AYUDARÍAN para que esas CUALIDADES permanecieran INTACTAS a través del TIEMPO FÍSICO.

Y si no contábamos con esos PADRES, ES PORQUE HABÍAMOS ELEGIDO CULTIVAR LA AUTOSUPERACIÓN a GRADOS INSOSPECHADOS.

Y lo que "a priori" se veía como una limitación, se tornaba la LLAVE QUE ABRÍA TODAS LAS PUERTAS.

Comencé a sonreírme.

Sabía que luego de la IMAGINACIÓN seguía la DIVERSIÓN.

Con sólo IMAGINAR esa PALABRA, mi rostro se DISTENDÍA.

"Para CREAR tenemos que estar DISTENDIDOS.

SENTIRNOS LIVIANOS y ALEGRES.

¿Qué hace un niño cuando juega?

IMAGINA y RIE.

Es FELIZ con SU CREACIÓN.

Precisa de muy pocos INGREDIENTES FÍSICOS.

Su VERDADERO PODER reside EN LO QUE VE EN LO INTANGIBLE.

El niño SOSTIENE LA VISIÓN.

SABE LO QUE QUIERE PLASMAR, Y LO LOGRA.

Para él NO EXISTE la palabra IMPOSIBLE, porque aún RECUERDA QUIÉN ES.

Si eres PADRE, si eres MADRE, es tu OPORTUNIDAD.

JUEGA con tus niños, E IMAGINA CON ELLOS.

Al compartir los "instrumentos", les estás dando ALAS para CREAR.

RÍE, JUEGA y PLASMARÁS CON ALEGRÍA".

La DIVERSIÓN como instrumento, me llevó al sonido puro de las OCARINAS, rememorándome la risa de los niños.

"¿Recuerdas el próximo Instrumento?"- dijo la Abuelita.

"Sí! La Confianza!"- exclamé.

"Muy bien: estás ATENTA. Y eso es muy importante, para que todos los DETALLES SEAN TENIDOS EN CUENTA".

"¿Qué es la CONFIANZA para Ti?"- me preguntó.

Suspiré.

Confiar era un Estado que me conectaba DIRECTAMENTE CON LA PAZ.

Con la Sensación de COBIJO, de PLENITUD, también de FE.

"Así es"- me dijo.

"La CONFIANZA permite QUE NOS ENTREGUEMOS a lo que REALMENTE ES.

Al CONFIAR permitimos que Aquello que Sustenta el Universo SE EXPRESE e IRRADIE A TRAVÉS NUESTRO.

Es darle CABIDA a nuestro SER VERDADERO.

CONFIAR es TRASCENDER LA LÓGICA y JUGAR CON LA "INCERTIDUMBRE".

La CONFIANZA PERMITE LA MANIFESTACIÓN."

"No siempre podrás ENTENDER.

Más siempre puedes SENTIR.

Y cuando el SENTIR es POTENTE y VERDADERO, llega la CERTEZA.

Aquí combinas LA CONFIANZA con la FE.

Y CREAS LA REALIDAD QUE QUIERES VER MANIFESTADA.

LA CREAS SINTIENDO QUE YA ESTÁ DENTRO DE TI.

Y ESTO ACELERA SU "VISIBILIDAD".

SI PERMITIÉRAMOS QUE NUESTRO SER VERDADERO HICIERA SU PARTE, TODO LO QUE ANHELAMOS SE PLASMARÍA AL INSTANTE.

Como lo hacían los Grandes Maestros con sus "MILAGROS".

En ellos la DUDA NO EXISTÍA PORQUE CONOCÍAN LAS LEYES DE LA EXISTENCIA.

Y ERAN FIELES EN SU APLICACIÓN.

Si tú estás aquí hoy, acompañada por la PRESENCIA de todos los lectores, es que HAN RESPONDIDO A **SU LLAMADO** y **se han ELEGIDO a USTEDES MISMOS.**

LAS LEYES DE LA EXISTENCIA SE ESTÁN REVELANDO ANTE SUS OJOS, PARA QUE SEAN FIELES EN SU APLICACIÓN.

Los MILAGROS aguardan A SER REALIZADOS.

YA CONOCEN LA FÓRMULA y en ésta, LA CONFIANZA es el INSTRUMENTO FUNDAMENTAL."

Quedé reflexionando acerca de los MILAGROS.

Muchas veces los relacionábamos con lo SOBRENATURAL.

Incluso, con lo FORTUITO.

Y el MILAGRO, era la COMPROBACIÓN de que estábamos VIBRANDO CON NUESTRA VERDADERA ESENCIA.

De que ya estábamos PRONTOS para HACER LO QUE HABÍAMOS VENIDO A HACER.

¿Y Tú que sientes, Amado Lector?

SALTANDO A LA VIDA

"Antes de seguir con el próximo "Instrumento", me gustaría que conozcas un Nuevo Espacio"- dijo mi Abuelita.

"Wow"- me dije

Parecía íbamos a un Lugar Especial.

Era más alto aún. Y para llegar a él, tenía que armarme de Coraje.

Cada ASCENSO requería un APORTE EXTRA de mi parte.

De alguna manera, tenía que "hacerme más Grande", respirar más profundo, no pensar y sólo ir a por ello.

Esta vez llegamos a una especie de Ventana.

Otra APERTURA.

AHORA SÍ me sentía de CARA A LO DESCONOCIDO.

Sentí un fuerte palpitar de mi Corazón.

Y volví a SUSPIRAR.

“Suspirando descomprimes el Corazón”- dijo la Abuelita.

“No temas, si has llegado a estas Instancias es porque tienes todos los ELEMENTOS para traspasar esta “aparente prueba”.

“Aparente prueba?” – pregunté.

“Sí, no siempre lo que parece ser ES”- me dijo.

A través de esa APERTURA, veía el COSMOS.

Miríadas de ESTRELLAS se presentaban ante MÍ.

Como si fuera a SALTAR AL VACÍO.

“Si OBSERVAS BIEN, hay UN ESPACIO QUE TODO LO UNE”.

“Aparentemente “alejadas entre Sí”, cada ESTRELLA está SUSTENTADA por el FIRMAMENTO.

Y ese FIRMAMENTO ES VIDA.

VIDA EN SU MÁXIMA POTENCIA.

VIDA EN SU MÁXIMO ESPLENDOR.

Si saltas a LA VIDA, ¿qué crees que sentirás?”

“VALENTÍA!”- dije sin pensar.

“Así ES!”- dijo la Abuelita, FELIZ.

“Has dado con el CUARTO INSTRUMENTO”- sonrió

Quedé asombrada de cómo todo estaba perfectamente sincronizado.

TODO respondía a un Orden PERFECTO.

Nada, ABSOLUTAMENTE NADA estaba allí por "CASUALIDAD".

Me dije:

Qué lindo SALTAR A LA VIDA!

Y la idea de VACÍO, se DESVANECIÓ POR COMPLETO.

"¿Qué te parece si EFECTIVAMENTE SALTAS?"- dijo la Abuelita.

La idea de SALTAR a la VIDA ME FASCINABA.

Y lo hice!

Quedé suspendida en el ÉTER.

Como si flotara en aguas cálidas.

Además, me sentía muy feliz.

La GRANDIOSIDAD DEL UNIVERSO, NOS SOSTENÍA.

Nos PROVEÍA DE TODO para que CONFIÁRAMOS EN SU INFINITA SABIDURÍA.

EL AMOR INTELIGENTE Y LA INTELIGENCIA AMOROSA

VIBRABAN EN COMUN UNIDAD

"Disfruta de este REGALO"- dijo suavemente la Abuelita.

"Y tú también, Amado Lector"...

Quedé por largo tiempo SUSPENDIDA.

Como si durmiera plácidamente en los BRAZOS del UNIVERSO.

Estaba, a su vez, MUY PRESENTE, captando INTENSAMENTE todo lo que percibía.

Era un MOMENTO ÚNICO EN SÍ MISMO.

Suavemente fui transportada nuevamente a la APERTURA.

LUEGO DE ESTA VIVENCIA YA NADA SERÍA IGUAL.

Quedé en un Estado “fuera del Tiempo”.

La Gran RENOVACIÓN había tenido LUGAR.

ESTABA COMENZANDO UNA NUEVA VIDA.

En ese ACTO DE SALTAR A LA VIDA, había dejado atrás todo lo vivido hasta entonces.

Y ahora me abría a un MUNDO INCONMENSURABLE, donde TODO ERA POSIBLE, porque había sido VALIENTE.

Esta vez la Abuelita quedó en SILENCIO.

Y a modo de “hasta pronto” me envolvió en fragancia de ROSAS, augurándome el mejor de los CAMINOS.

“VE EN BUSCA DEL QUINTO INSTRUMENTO”- me dijo.

Y deslizándome en giros arremolinados, volví al Punto de ORIGEN.

Asomé mi cabeza, a través del Portal, y allí estaba el Abuelito, en estado contemplativo.

Tenía tanto por contarle!

Me fui acercando suavemente.

Su mirada destellaba de Luz.

"¿Sabes a Quién he encontrado?"- le pregunté.

Claro que lo sabía!

Su respuesta fue una sonrisa que iluminó su rostro por completo.

VIAJANDO A TRAVÉS DEL HARA

"Ahora iremos hacia el Polo Sur"- me dijo el Abuelito.

"Y lo haremos de una forma muy original".

Lo miré asombrada.

"En vez de ir por fuera, iremos por dentro".

"¿Cómo es esto?"- le pregunté.

"Ya verás"

Cerca del Portal del cual había salido, había una ABERTURA.

Me acerqué, expectante.

"Aquí se encuentra el HARA de la MADRE TIERRA".

"¿El Hara?"- pregunté.

“Sí. El HARA es el CONDUCTO a través del cual SE UNEN CIELO Y TIERRA.

En este caso, se une el NORTE con el SUR, si lo quieres ver así.

Es la LÍNEA DEL PROPÓSITO.

Todos los SERES VIVOS la tienen.

Solo que a veces esta LÍNEA se encuentra “interceptada” u “obstruida” y no puede cumplir con ÉXITO la labor para la cual ha sido DISEÑADA”.

“Qué interesante”- dije para mis adentros.

“Los Seres que están ALINEADOS con su PROPÓSITO, SINCRÓNICAMENTE lo ESTÁN con el PROPÓSITO DE LA MADRE TIERRA.

Todo lo que hagas a la MADRE te lo harás a TÍ MISMO, decía la PROFECÍA HOPI.

Y, ASÍ ES!”

Miré con ATENCIÓN a través del CONDUCTO.

Una suave brisa despeinó mis cabellos.

“Este CONDUCTO está en CONSTANTE MOVIMIENTO.

Los Vórtices Energéticos de la Tierra están conectados a él.

Es una maravillosa TRAMA VIVIENTE, donde nada está librado al azar.

Si te atreves, lo atravesaremos!”- concluyó el Abuelito.

Claro que me atrevía!

Ya había saltado a la VIDA.

AHORA SALTARÍA DENTRO DEL CONDUCTO Y ME DEJARÍA GUIAR POR ÉL.

Me preguntaba qué haría con mis Alas, ante esta Experiencia.

El Abuelito me dijo:

"Abrázate con Ellas.

Y déjate llevar por esa Gran Consciencia que todo lo Impregna con su Luz".

Así lo hice. **Ya había APRENDIDO a CONFIAR.**

Y a utilizar los Instrumentos a medida que se presentaban las OPORTUNIDADES.

Me abracé con mis Alas y me dejé GUIAR.

La Sensación fue SUMAMENTE PLACENTERA.

Pensar que tantas veces, por miedo a lo "aparentemente" desconocido, nos perdíamos Oportunidades Únicas!

Cuando quise darme cuenta, YA HABÍAMOS LLEGADO.

Esperé a que el Abuelito me diera las indicaciones.

Él se adelantó.

Movió un bloque de Piedra, y llegamos a un Espacio de NIEVES ETERNAS.

Tuve que entrecerrar mis Ojos. Destellos Dorados iluminaban todo alrededor.

Sentí la Presencia de mis Amigos Celestiales.

Aquellos, de risas cantarinas, que me habían dicho que para llegar a Ellos tenía que hacer "un extra".

Evidentemente lo había hecho, porque me encontraba

ante sus PRESENCIAS.

"Estamos Complacidos.

Es grande el Avance que han realizado.

La Gran Hermandad está siguiendo cada uno de sus pasos.

Y hemos de decirles que estamos felices.

Muy cerca están de RECORDAR QUIÉNES SON VERDADERAMENTE.

Y cuando lo hagan, ya no precisarán de GUÍAS.

Se volverán MAESTROS.

Y con su EJEMPLO y TESTIMONIO, INSPIRARÁN e ILUMINARÁN TODO A SU ALREDEDOR.

La luz Dorada que aquí percibes, es la LUZ DE NUESTRA PRESENCIA.

Es nuestro mayor ANHELO que sean Ustedes, Quienes AHORA ILUMINEN EL MUNDO CON **SU** PRESENCIA."

Me sentí honrada.

"Y dile a Quienes te acompañan que, si adquirís la VALENTÍA SUFICIENTE, nos presentaremos ante cada uno **EN PRESENCIA FÍSICA".**

"Qué buena noticia!"- exclamé.

Poder contactar DIRECTAMENTE con estos Amadísimos SERES era un PRIVILEGIO DIVINO!

"Ahora quisiéramos nos acompañes"- dijo uno de esos Grandiosos Seres.

Miré a mis espaldas, y el Abuelito volvió a sonreírme.

Nuevamente me esperaría.

Parecía que tenía que vivir la EXPERIENCIA de esta manera.

"Sígueme"- me dijo.

Caminé despacio, tomando nota de todo lo que veía.

Estaba SUMAMENTE CONFIADA.

Y la LUZ que todo lo ENVOLVÍA me conectaba con la ALEGRÍA.

"Estamos llegando"- me dijo.

Miré delante y allí había una laguna, de aguas profundas.

"¿Te animas a SUMERGIRTE?"- preguntó.

Imaginé que esas Aguas podían estar HELADAS.

Aun así dije: SÍ!

Ante mi sorpresa, las Aguas eran NEUTRAS.

Ni cálidas ni frías.

Tenían la temperatura ÓPTIMA.

"Sólo descálzate"- me dijo.

Al hacerlo sentí una Gran Calidez en la planta de mis pies.

"Ahora acércate y comienza a ingresar gradualmente.

PERMITE QUE EL AGUA TE CUBRA POR COMPLETO".

Ahí recordé al PRIMER INSTRUMENTO, y, haciendo uso de la Imaginación, ME SUMERGÍ POR COMPLETO, sabiendo que PODÍA RESPIRAR DEBAJO DEL AGUA.

"Las LEYES FÍSICAS son para los CUERPOS MATERIA FÍSICOS".

"Cuando comienzas a utilizar los INSTRUMENTOS de manera CONSCIENTE, trasciendes las LEYES FÍSICAS, y te adentras en las SUPRA FÍSICAS".

Me encantó!

Ante ti y ante mí se DESPLEGABA un CAMINO COMPLETAMENTE NUEVO.

Un camino INÉDITO.

Me centré en PERCIBIR.

Y todos los Sentidos comenzaron a AMPLIFICARSE.

"El AGUA provoca ese EFECTO"- dijo el Amoroso Ser que nos acompañaba.

"El AGUA AMPLIFICA TODOS LOS SENTIDOS".

Ante esta AFIRMACIÓN, recordé RÁPIDAMENTE a los CETÁCEOS.

Y, con sólo pensar en ellos, sentí un GRAN OJO que me observaba.

Una ballena AZUL, se había hecho PRESENTE.

Su mirada irradiaba una **COMPASIÓN** INIGUALABLE.

Cientos de Años, en una MIRADA.

Quedamos en SILENCIO, comunicándonos sin PALABRAS, a través del MÁS PROFUNDO AMOR.

"Quiero darte el QUINTO INSTRUMENTO"- me dijo.

Si bien estaba dentro del agua, sentí hacer una REVERENCIA.

"Te entregamos el DON del COMPROMISO"- me dijo.

"Las ALIANZAS entre HUMANOS y CETÁCEOS han de ser ACORDADAS y el COMPROMISO, es su Sello.

El DON que HOY te entregamos a Ti, se lo entregamos también a cada Ser que en este Instante está leyendo estas LÍNEAS.

NUESTRA ALIANZA traspasa lo FÍSICO.

Y sólo llega a nosotros, QUIEN HA TRASCENDIDO LA MATERIA".

"FELICIDADES A TODOS LOS AQUÍ PRESENTES"

3° PORTAL: ALAS

LAS ALAS DEL ÁNGEL

Quedé atesorando el nuevo INSTRUMENTO que llegaba desde el "Sur".

Ya les preguntaría a los Amados Seres, cuál era el profundo significado del Norte y del Sur.

Por lo pronto AGRADECÍ y acaricié con profundo Amor a la HERMANA BALLENA AZUL.

Al hacerlo, LAS AGUAS SE ABRIERON.

Y volvimos a la SUPERFICIE TERRESTRE.

El cielo era límpido, y las aguas Azules.

Se sentía mucha Alegría en el Éter.

A lo lejos divisé al Abuelito Cóndor, que me esperaba en la orilla.

"Llamaré a mis Amigos"- dijo la Ballena Azul.

Y, al instante, aparecieron miríadas de DELFINES, saltando felices.

"Hemos venido a ACOMPAÑAR al HUMANO en esta TRAVESÍA.

Cuentan con todo nuestro AMOR INCONDICIONAL.

Tenemos mucho que COMUNICARLES"- dijeron todos al UNÍSONO.

"SOMOS una MEGA CONSCIENCIA, maravillosamente SINCRONIZADA.

RESPONDEMOS a las VIBRACIONES PURAS.

TENEMOS LA SIMIENTE DE LA NUEVA HUMANIDAD.

Ven con nosotros, te llevaremos al SEXTO INSTRUMENTO".

"Genial!" – me dije

Esto sonaba REALMENTE FANTÁSTICO!

Llegamos a un Espacio de PIRÁMIDES EMERGENTES.

Estaban construidas con CRISTALES DE CUARZO.

"Ingresa"- me dijeron.

Traspasé la materia semisólida, con movimientos ondulantes.

Mi oído izquierdo se agudizó por completo.

Escalinatas de mármol invitaban al ASCENSO.

Salí de las Aguas, y posé las plantas de mis pies en esa

escalinata.

Sentí su frescura y caricia.

INSPIRÉ a todos los INSTRUMENTOS QUE HABÍA RECIBIDO, y subí, lenta y conscientemente, estando PRESENTE en cada escalón.

Al llegar a la cima, SE ABRIÓ UN PORTAL.

"AHORA SÍ"- dijo una voz DULCÍSIMA.

"DESPLIEGA LAS ALAS DEL ÁNGEL!"

Estas ya no eran las mismas. Eran más grandes, de plumas BLANCAS como la NIEVE, con DESTELLOS DORADOS como el SOL.

"VUELA"

"Ve con AMOR INFINITO hacia la LIBERTAD DEL SER!"

Y volé, DISFRUTÉ, BENDIJE y me ELEVÉ CADA VEZ más y más.

Me sentía INFINITA.

ILIMITADA.

OMNIABARCANTE.

PLENA.

RADIANTE.

AMOROSA.

"Esas son todas las CUALIDADES del SER VERDADERO, el cual reside EN TODAS LAS CRIATURAS.

El ACUERDO ha sido que FUERAN USTEDES QUIENES SE DESCUBRIERAN.

NOSOTROS NOS COMPROMETIMOS A ACOMPAÑARLOS".

"Ahora que YA ERES CONSCIENTE DE TUS ALAS,

DESDE AHÍ,

MUÉSTRATE A LA HUMANIDAD".

"Todo Aquel que resuene con ESTA VERDAD

VENDRÁ EN BUSCA DE SUS ALAS Y, CON TODO NUESTRO AMOR, SE LAS ENTREGAREMOS.

ASÍ LO HEMOS ACORDADO.

Y ASI SERÁ!"

RE UNIÓN

Disfruté muchísimo de las alturas.

Me compenetré con esa Paz y Dulzura, que todo lo impregnaba.

Realmente era una Sensación CELESTIAL.

"Ahora se RE ENCONTRARÁN"- dijo la VOZ.

"Cada uno, se PRESENTARÁ, con sus Alas REFULGENTES y con el CORAZÓN ABIERTO de par en par.

Serán REUNIDOS para recibir las PREMISAS.

LAS PREMISAS de la NUEVA HUMANIDAD.

¿Están preparados?"

Y el Cielo se colmó de Soles, que se acercaban irradiando su Luz.

Sus rostros Alegres, eran tan familiares!

Nos fuimos reuniendo, abrazándonos con nuestras Alas.

Contándonos todo lo vivido hasta ese Instante Santo.

Cuánto habíamos volado algunos!

Lo importante era que allí ESTÁBAMOS.

Presentes en PROPÓSITO, Presentes en INTENCIÓN.

"Todo lo que les revelaremos, viene del Ámbito donde la Palabra ya no existe.

Sólo recibirán FRECUENCIAS, que ustedes sabrán DE-CODIFICAR.

Las FRECUENCIAS serán ACORDES a la MISIÓN de cada uno.

Se han transformado en REPRESENTANTES.

Cada Quien llevará esta FRECUENCIA a SU LUGAR, y la expandirá A TRAVÉS DEL ESPACIO.

Lo vivirán con PLACER INFINITO, porque las Pruebas más grandes, ya las han sorteado.

Han cuidado, enmendado y restaurado sus Alas.

Ahora viajarán LIVIANOS, CONFIADOS y con la VISIÓN de la SUPRACONSCIENCIA.

Es probable que no vuelvan a sus lugares ORIGINARIOS.

Tal vez, parte de esta NUEVA FRECUENCIA que están recibiendo los INSPIRE HACIA NUEVOS HORIZONTES.

Vuelen CONFIADOS, están SUSTENTADOS POR LA VIDA".

Suspiré. Y Recorrí con mi mirada cada rostro.

Todos sonrientes, todos expectantes.

Algunos con lágrimas de emoción, otros con la Paz del Camino realizado.

Y mientras esto sucedía, el CIELO literalmente SE ABRIÓ.

Se escucharon cánticos, decididamente de ÁNGELES.

Y bajó una LUZ RADIANTE y PODEROSA, que nos envolvió a todos y a cada uno.

Esa LUZ, plena de DICHA, nos mostraba imágenes del Camino a recorrer.

Eran imágenes MUY PRECISAS: Una GUÍA muy acertada del MEGA PLAN.

"Recordarán TODO"- dijo una Voz Femenina.

"Esto lo HEMOS ESCRITO JUNTOS, en el PRINCIPIO de los TIEMPOS.

Ahora cada uno está tomando SU LUGAR, y habitando su ESPACIO.

Recompondremos, entre TODOS, el DESEQUILIBRIO PLANETARIO.

Ya han sanado con lágrimas colmadas de perdón las memorias planetarias.

AHORA INSTAURAREMOS EL EQUILIBRIO en cada Reino, con la Amada Asistencia de los ELEMENTOS.

Observen esta Imagen".

Y ante nosotros se presentó este símbolo:

El YIN y el YANG.

Si lo observan verán que AMBOS están INCLUÍDOS en el mismo CÍRCULO.

YIN y YANG solo existen en ESTE PLANO.

En los planos del SER VERDADERO, hacia el cual vamos, **SÓLO EXISTE EL CÍRCULO.**

Hemos de llegar a **SER** EL CÍRCULO QUE LOS CONTIENE.

Día y noche, Actividad y descanso, Hombre y Mujer... Todos Complementos necesarios para la Vida ARMONIOSA aquí en la Tierra.

Si ustedes están aquí es porque quisieron PARTICIPAR de esta **RESTAURACIÓN PLANETARIA.**

Tuvieron otras opciones, y ELIGIERON venir a ASISTIR.

Saben del EQUILIBRIO, porque lo han venido cultivando Vida tras Vida.

También saben que, fruto de esta GRAN MISIÓN, llega el

NACIMIENTO DEL NUEVO SOL.

¿Y qué mejor que el Padre SOL se haga Presente?".

Con estas palabras, fuimos transportados a un lugar idílico, desde el cual contemplábamos los rayos dorados del Padre SOL sobre el mar.

En el Horizonte vimos imágenes.

Se sucedía la Historia de la HUMANIDAD.

Sólo que esta vez, todos los Pasajes de Dolor, habían sido LIBERADOS.

EL PASADO HABÍA SIDO TRANSFORMADO, lo que hacía posible un NUEVO PRESENTE y un MARAVILLOSO FUTURO.

"El círculo es la UNIDAD"- dijo el Padre SOL.

"Dentro del Círculo, está TODO".

"Si modificamos con INTENCIÓN y CONSCIENCIA alguna creación distorsionada, los EFECTOS se MULTIPLICARÁN para todos LOS SERES que estén DENTRO DEL CÍRCULO.

Ante una Causa, **hay muchos EFECTOS.**

Con esta NUEVA VISIÓN, si vamos DIRECTAMENTE a las CAUSAS, lograremos gradualmente ILUMINAR EL CÍRCULO.

Nos basaremos en 4 PILARES:

CLARIDAD – PRECISIÓN – INTENCIÓN y CONSCIENCIA

La CLARIDAD, es la CERTEZA de lo que HAY que HACER.

Y ésta ya la tienen porque se les han sido REVELADO los pasos.

La PRECISIÓN es la capacidad de ver sólo la LUZ.

Esto también lo han trabajado, de otro modo, no estarían aquí.

Y me refiero tanto los que están en PRESENCIA FÍSICA como los Amados Lectores, que están en ESPÍRITU.

La INTENCIÓN es el Grado de Compromiso y de Amor al SERVICIO.

Y la CONSCIENCIA es la que retorna todo A SU ORDEN NATURAL.

En la medida en que vayan instaurando el EQUILIBRIO, nuevas CONSCIENCIAS SE SUMARÁN.

A la CALIDAD se sumará la CANTIDAD.

JUNTOS HECHO ESTÁ!

Y con estas palabras, fuimos transportados nuevamente.

Esta vez, cada uno fue llevado al LUGAR QUE LO AGUARDABA.

Si bien ya no veía físicamente a mis compañeros de Viaje, sentía que todos estábamos COMÚN UNIDOS por lazos invisibles.

Por hilos dorados, que entrelazados, creaban una MÚSICA ESPECIAL.

MOLDEANDO LA MATERIA

Miré atenta, a ver con qué me encontraba.

Estaba en un ESPACIO LLENO DE VIDA, que se podía PALPAR y MOLDEAR.

Con mi mano podía tomar parte de esa Sustancia casi etérea y transformarla en materia.

Para ello tenía que aplicar los 4 Pilares:

CLARIDAD – PRECISIÓN – INTENCIÓN y CONCIENCIA

Hice algunas prácticas.

Y según en lo que me enfocaba con Claridad, Precisión, Intención y Consciencia, ESO SE PLASMABA.

Comprendía que las LEYES SUPRAFÍSICAS se estaban REVELANDO.

Decididamente el Ser Humano estaba pronto a DESCUBRIR estas VERDADES.

Y estaba también PREPARADO para APLICARLAS.

Éramos DISEÑADORES MARAVILLOSOS de nuestra REALIDAD VISIBLE.

Ahora habíamos recuperado las Herramientas.

Habíamos trabajado fuertemente en nosotros mismos.

Habíamos limado toda aspereza de personalidad.

Y habíamos ELEGIDO trascender la MATERIA, para fundirnos en el ESTADO PROPIO del SER VERDADERO.

UN NUEVO AKASH

"Vamos al AKASH"- me dijeron

"Lo que está ESCRITO es sólo INFORMACIÓN de lo que ha OCURRIDO.

Esto no significa que TIENE QUE PERMANECER ASÍ indefinidamente.

Ha quedado como REGISTRO, para que ustedes puedan COMPRENDER.

Y simplemente OBSERVANDO sus EFECTOS, verán de que hay MUCHO por CAMBIAR.

Con estas NUEVAS HERRAMIENTAS, podrán CAMBIAR los REGISTROS.

Si cambian las CAUSAS, al UNÍSONO se harán VISIBLES los EFECTOS.

Somos el CÍRCULO.

Somos la UNIDAD.

Somos el ETERNO PRESENTE.

Y para que esta VIVENCIA sea NATURAL para TODOS, HEMOS DE HACER PRIMERO LOS CAMBIOS.

EN ACCIÓN

Me fueron mostrados muchos lugares de la Tierra.

"Puntos candentes"- como nos habían dicho en Su Momento.

Si nos mostraban esos "puntos" es porque allí teníamos que accionar.

Y así como a mí me mostraban algunos, a Ti te mostraban otros.

Cada uno IBA CAMBIANDO EL REGISTRO que le CORRESPONDÍA.

ESTÁBAMOS ILUMINANDO EL INTERIOR DEL CÍRCULO.

LA MADRE CÓSMICA

"Quiero que veas todo desde una Perspectiva más Amplia"- me dijo el Abuelito.

Y autogenerando el impulso, conectamos con una corriente Ascendente que nos elevó rápidamente.

Sólo que esta vez, nuestro ascenso fue GRANDIOSO.

A medida que traspasábamos las nubes, cada vez más y más alto, nos fuimos "desprendiendo de nuestros ropajes".

Simplemente sucedía.

Nuestra mirada estaba dirigida hacia lo alto.

Gradualmente fui sintiendo que ya no tenía Alas, tampoco tenía Cuerpo.

Era un Ser que ascendía, cada vez con más liviandad.

"Ahora contempla"- me dijo el Abuelito.

Miré hacia abajo, y vi la Maravilla.

Nuestro Planeta, suspendido en el Éter, irradiaba tonos azules – dorados.

Las Aguas, ya limpias, espejaban la LUZ.

Había NUEVOS REGISTROS.

Con Certeza TODOS estábamos EN ACCIÓN, aplicando las PREMISAS.

"Iremos más alto"- me dijo.

Cerré los Ojos para DISFRUTAR la PLENITUD.

Me sentía EXTASIADA.

La PAZ me envolvía AMOROSAMENTE.

Sentía los brazos de mi Madre, cuando me arropaba de niña.

Y sentí abrir los Ojos.

ALLÍ ESTABA, MAGNÍFICA la MADRE CÓSMICA.

Bellísima...

Sus Ojos Brillantes, colmados de Estrellas, me miraban profundamente.

En su mirada vasta e infinita, pude captar al AMOR en su ESENCIA.

Un AMOR imposible de ser DESCRIPTO.

Un AMOR que trascendía TODO LO CONOCIDO.

Y comprendí que la MADRE me estaba COLMANDO, para que la DICHA FLUYERA en CASCADA, hacia todos los SERES SINTIENTES.

“Yo Soy la DIVINA FUENTE”- dijo dulcemente.

“FLUYO, EN ABUNDANCIA, PARA TODOS.

QUIEN CONFÍA, TODO LO RECIBE.

QUIEN SE ENTREGA, ATESORA LA PAZ.

SI ABREN SUS CANALES, SERÁN COLMADOS.

MI PROPÓSITO ES LA DICHA, EN TODAS LAS REALIDADES Y UNIVERSOS.

FELICES LOS QUE HAN DESPERTADO A LA NUEVA REALIDAD.

QUÉDATE AQUÍ CONMIGO.

TE ENSEÑARÉ LAS PREMISAS DEL SER VERDADERO.

TE LAS REVELARÉ UNA A UNA.

Y TÚ LUEGO LO HARÁS CON CADA SER QUE SE PRESENTE.

Abraza ahora a tu Abuelito.

Y Dile cuánto lo amas.

Él ha de volver a los Planos más Sutiles.

Al reencuentro de tu Abuelita.

JUNTOS, han ILUMINADO EL LINAJE.

Lo busqué con la Mirada…

Y lo encontré.

Había sido una EXPERIENCIA GRANDIOSA!

Le agradecí profundamente por todo lo Compartido.

Y nos fundimos en un Abrazo INFINITO.

"Te veré muy pronto"- me dijo.

"Recuerda que entre nosotros, NO EXISTEN LAS DISTANCIAS".

Y con un giro arremolinado, se fue desvaneciendo, gradualmente.

ATESORÉ ESTE MOMENTO COMO UNO DE LOS MÁS BELLOS DE MI VIDA.

"Recuerda que no existen las Despedidas"- me dijo Ella.

"Siempre estamos COMÚN UNIDOS por los LAZOS del CORAZÓN".

AHORA, toma de mi mano.

IREMOS AL ENCUENTRO
DE TU VERDADERA ESENCIA.

¿Me acompañas, Amado Lector?

AGRADECIMIENTO INFINITO

LA VOZ DE TU
ALMA
LAIN
LA VOZ DE TU ALMA
LAIN

Ha llegado el momento de contarte acerca de Alguien muy Especial.

Un Ser Puro, de Esencia Cristalina y Luminosa, que una noche de gran dolor tomó la mejor decisión de su VIDA: escribir “LA VOZ DE TU ALMA”.

Esta fue la puerta de Inicio, de una SAGA INCREÍBLE, verdadera joya ESPIRITUAL donde CIELO y TIERRA se entrelazan y caminan de la mano.

Principios Universales, creencias de Poder, DECLARACIONES y la Gran Oportunidad de REPOLARIZAR nuestro Sistema de Creencias, hacen de la lectura de la SAGA un viaje realmente maravilloso.

Gracias Amado Lain por ser parte de nuestras Vidas.

En mi caso en particular, gracias por Darle ALAS a mi Sueño.

Gracias, a través de tus líneas, a través de tu voz, a través de tu ESENCIA por encenderme la llama del ENTUSIASMO y de la PASIÓN que hoy se hacen VISIBLES en la manifestación de mi primera Trilogía.

Te auguro una Vida Maravillosa y BENDECIDA.

Y a ti, querido lector/a, te invito a despertar a tu ALMA IMPARABLE, y a regalarte la BENDICIÓN de que la VOZ DE TU ALMA te encienda.

Con todo AMOR, GRACIAS LAIN GARCÍA CALVO!

¿Quieres re encontrarte con tu SER VERDADERO?

¿CREES que es posible VIVIR EN PAZ y en DICHA CONSTANTES?

¿Te gustaría que CREEMOS JUNTOS las CONDICIONES?

Te espero en…

¡GRACIAS, GRACIAS, GRACIAS!

www.ingramcontent.com/pod-product-compliance
Lightning Source LLC
LaVergne TN
LVHW101941220826
846093LV00006B/76

9788418098529